STREAM
教育流

高安邦 —— 著

一 序言 一

桃園的教育在升格為直轄市後,有了更大的改變。首先是在鄭文燦市長的支持下,教育的經費有了大幅度的增加。其次是鄭市長找了一位非師範體系出身的大學校長,來出任教育局長,顛覆了傳統師範體系的思維,擺脫了傳統的教育框架,沒有包袱,只有突破創新,講求效率,重視成本效益,並掌握時代的脈動,以前瞻性的眼光來打造學校的教育。

這些年來,桃園的教育可說是多元發展,百花齊放。各種實驗教育也紛紛推動,學校教育的內涵,從 STEM 修正為 STEAM,更進一步發展成 STREAM(科學、技術、閱讀、藝術、工程、數學),也形成了一種教育流,這個潮流的實際操作是從小學開始向上延伸,經國中到高中,然而這個新潮流的概念是從大學開始向下流動,把大學就能夠掌握跨領域及先進科技的概念向下扎根。為什麼實際操作要從小學開始改變?因為小學是教育的基礎,礎不堅,則國不固。

　　舊的教育體系在這股新潮流的衝擊下，承受了剪應力的作用，產生連續不斷的變形。新的教育流 讓桃園的教育起了很大的變化，讓科技融入教育，讓創新與人文成為主要的精神內涵，這種變化是不可逆的，而且是一種進化。桃園的智慧教育聯隊是推動這股潮流的主要力量，這本書也是他們的指南，更是桃園教育改革的發展歷程，也指出了教育的發展方向和所面臨的挑戰。

目 錄

序言‧‧ 2

01 啓航‧‧‧‧‧‧‧‧‧‧‧‧‧‧‧‧‧‧‧‧‧‧‧‧‧‧‧‧‧‧‧‧ 8

02 翻轉教育‧‧‧‧‧‧‧‧‧‧‧‧‧‧‧‧‧‧‧‧‧‧‧‧‧ 14

03 智慧和勇氣‧‧‧‧‧‧‧‧‧‧‧‧‧‧‧‧‧‧‧ 17

04 有勇有謀‧‧‧‧‧‧‧‧‧‧‧‧‧‧‧‧‧‧‧‧‧‧‧ 21

05 知與行‧‧‧‧‧‧‧‧‧‧‧‧‧‧‧‧‧‧‧‧‧‧‧‧‧‧‧ 26

06 跨領域‧‧‧‧‧‧‧‧‧‧‧‧‧‧‧‧‧‧‧‧‧‧‧‧‧‧‧ 29

07 實驗教育‧‧‧‧‧‧‧‧‧‧‧‧‧‧‧‧‧‧‧‧‧‧‧ 33

08 政府不能失靈‧‧‧‧‧‧‧‧‧‧‧‧‧‧ 37

09 高教災難‧‧‧‧‧‧‧‧‧‧‧‧‧‧‧‧‧‧‧‧‧‧‧ 41

10 升學壓力‧‧‧‧‧‧‧‧‧‧‧‧‧‧‧‧‧‧‧‧‧‧‧ 44

11 進一步退兩步‧‧‧‧‧‧‧‧‧‧‧‧‧‧ 48

12 校園民主‧‧‧‧‧‧‧‧‧‧‧‧‧‧‧‧‧‧‧‧‧‧‧ 53

13 校內衝突‧‧‧‧‧‧‧‧‧‧‧‧‧‧‧‧‧‧‧‧‧‧‧ 57

14 校長作為‧‧‧‧‧‧‧‧‧‧‧‧‧‧‧‧‧‧‧‧‧‧‧ 61

15 相互信任‧‧‧‧‧‧‧‧‧‧‧‧‧‧‧‧‧‧‧‧‧‧‧ 65

16　公平與效率 ‥‥‥‥‥‥‥‥‥‥‥‥‥‥‥ 68

17　校長的養成 ‥‥‥‥‥‥‥‥‥‥‥‥‥‥‥ 73

18　校長領導 ‥‥‥‥‥‥‥‥‥‥‥‥‥‥‥‥ 77

19　兵貴神速 ‥‥‥‥‥‥‥‥‥‥‥‥‥‥‥‥ 82

20　打破傳統 ‥‥‥‥‥‥‥‥‥‥‥‥‥‥‥‥ 86

21　新設學校 ‥‥‥‥‥‥‥‥‥‥‥‥‥‥‥‥ 90

22　智慧教育 ‥‥‥‥‥‥‥‥‥‥‥‥‥‥‥‥ 94

23　校長的考驗 ‥‥‥‥‥‥‥‥‥‥‥‥‥‥‥ 98

24　廣設大學 ‥‥‥‥‥‥‥‥‥‥‥‥‥‥‥‥ 101

25　教育正義 ‥‥‥‥‥‥‥‥‥‥‥‥‥‥‥‥ 104

26　資優教育 ‥‥‥‥‥‥‥‥‥‥‥‥‥‥‥‥ 107

27　家長參與 ‥‥‥‥‥‥‥‥‥‥‥‥‥‥‥‥ 110

28　老師的角色 ‥‥‥‥‥‥‥‥‥‥‥‥‥‥‥ 114

29　老師體罰 ‥‥‥‥‥‥‥‥‥‥‥‥‥‥‥‥ 118

30　體罰與處罰 ‥‥‥‥‥‥‥‥‥‥‥‥‥‥‥ 121

31　心靈導師 ‥‥‥‥‥‥‥‥‥‥‥‥‥‥‥‥ 124

32　老師的責任 ‥‥‥‥‥‥‥‥‥‥‥‥‥‥‥ 127

33　教之本在師 ‥‥‥‥‥‥‥‥‥‥‥‥‥‥‥ 130

34　新時代的老師 ‥‥‥‥‥‥‥‥‥‥‥‥‥‥ 133

35　親師溝通 ‧‧‧‧‧‧‧‧‧‧‧‧‧‧‧‧‧‧‧‧‧‧‧‧‧‧‧‧‧‧‧‧‧‧ 136

36　親師衝突 ‧‧‧‧‧‧‧‧‧‧‧‧‧‧‧‧‧‧‧‧‧‧‧‧‧‧‧‧‧‧‧‧‧‧ 139

37　校長的調和 ‧‧‧‧‧‧‧‧‧‧‧‧‧‧‧‧‧‧‧‧‧‧‧‧‧‧‧‧‧‧ 142

38　校園民主 ‧‧‧‧‧‧‧‧‧‧‧‧‧‧‧‧‧‧‧‧‧‧‧‧‧‧‧‧‧‧‧‧‧‧ 145

39　校長遴選 ‧‧‧‧‧‧‧‧‧‧‧‧‧‧‧‧‧‧‧‧‧‧‧‧‧‧‧‧‧‧‧‧‧‧ 149

40　校長的處境 ‧‧‧‧‧‧‧‧‧‧‧‧‧‧‧‧‧‧‧‧‧‧‧‧‧‧‧‧‧‧ 153

41　直升機家長 ‧‧‧‧‧‧‧‧‧‧‧‧‧‧‧‧‧‧‧‧‧‧‧‧‧‧‧‧‧‧ 157

42　校長的堅持 ‧‧‧‧‧‧‧‧‧‧‧‧‧‧‧‧‧‧‧‧‧‧‧‧‧‧‧‧‧‧ 161

43　校長的人際關係 ‧‧‧‧‧‧‧‧‧‧‧‧‧‧‧‧‧‧‧‧‧‧‧‧‧‧ 164

44　校長的連任與轉任 ‧‧‧‧‧‧‧‧‧‧‧‧‧‧‧‧‧‧‧‧‧‧ 169

45　成本效能 ‧‧‧‧‧‧‧‧‧‧‧‧‧‧‧‧‧‧‧‧‧‧‧‧‧‧‧‧‧‧‧‧‧‧ 173

46　校長的特質 ‧‧‧‧‧‧‧‧‧‧‧‧‧‧‧‧‧‧‧‧‧‧‧‧‧‧‧‧‧‧ 177

47　校園政治 ‧‧‧‧‧‧‧‧‧‧‧‧‧‧‧‧‧‧‧‧‧‧‧‧‧‧‧‧‧‧‧‧‧‧ 180

48　家長的影響 ‧‧‧‧‧‧‧‧‧‧‧‧‧‧‧‧‧‧‧‧‧‧‧‧‧‧‧‧‧‧ 184

49　翻轉弱勢學生 ‧‧‧‧‧‧‧‧‧‧‧‧‧‧‧‧‧‧‧‧‧‧‧‧‧‧‧‧ 187

50　利益團體的介入 ‧‧‧‧‧‧‧‧‧‧‧‧‧‧‧‧‧‧‧‧‧‧‧‧ 190

51　利益團體的影響 ‧‧‧‧‧‧‧‧‧‧‧‧‧‧‧‧‧‧‧‧‧‧‧‧ 194

52　改造學生 ‧‧‧‧‧‧‧‧‧‧‧‧‧‧‧‧‧‧‧‧‧‧‧‧‧‧‧‧‧‧‧‧‧‧ 198

53　師生接觸 ‧‧‧‧‧‧‧‧‧‧‧‧‧‧‧‧‧‧‧‧‧‧‧‧‧‧‧‧‧‧‧‧‧‧ 201

54	性別議題	204
55	特殊教育	207
56	不適任	210
57	無怨無悔	213
58	魚缸管理法	216
59	找老師的亮點	220
60	三支箭	224
61	國際化	228
62	做對的事	232
63	終身學習	236
64	微學習	239
65	新科技、新方法	241
66	走對的路	244

—01—
啟航

　　2015 年 2 月 1 日我就任桃園市教育局局長，鄭文燦市長
開啟了我人生另外一個發展的歷程。原本自己認為大學校長
是我職業生涯的最終發展階段，但是命運的安排實在非常巧
妙。

回想 2014 年 12 月中旬，正在前往廣東訪問深圳、暨南及中山大學之際，突然得到勝選的鄭文燦市長要約見的訊息，我立即回報即將前往國外。等到一回國，在等行李時，接獲市長約見的電話，便帶著行李直奔鄭市長的服務處。坦白說，當鄭市長要我出任教育局局長時，我內心非常猶豫。1986 年我從美國學成歸國時，我的志向就是在大學任教。在政大經濟系從客座副教授、教授到兼任系主任及社會科學院長後，借調到開南大學出任校長。借調兩年後，專任開南大學校長並兼任證券和多家金控董事或獨立董事。當時若要接任教育局長，則必須辭去華南銀行獨立董事的職位，收入減少必須看得開。其次，我對國民義務教育非常陌生，我對大學的教育行政非常熟悉，但對中小學的經驗則付之闕如，實在誠惶誠恐。鄭文燦市長的誠摯邀約讓我很難拒絕。他說：「中小學你都沒有接觸過，要不要來挑戰一下？」當時看來，如果不答應就很難走出去了。最後，我向他說我要等學期結束，隔年 2 月 1 日才能就任。這樣一來，我有一個多月的時

間可以充分了解中小學的情況。

2014 年 12 月 22 日鄭文燦市長公布了第 4 波小內閣的名單，由我出任桃園市教育局局長。從那天起，我就有正當性到各校去了解學校的運作。為了解最真實的狀況，我到各校去都沒有事先告知，只有在被校園警衛攔下來的時候，才表明我的身分。大學校長出任教育局長引起了一些質疑，這些聲音也傳進了我的耳朵。很多人都會認為大學校長怎麼可能知道國民義務教育？我在辭去開南大學校長的交接典禮上，我意有所指：中小學看大學是以管窺天；大學看中小學則一覽無遺。

就任前一個多月的訪查，從偏鄉到都會區，給了我不少概念。等到正式就任後，親身體驗龐大的教育官僚體系，讓我有匹馬單槍、孤軍奮戰的感覺。中小學和大學真的是有很大的不同，大學競爭激烈，弱者淘汰、適者生存。中小學是義務教育，缺乏跟上時代改變的動力。長期以來，又很難擺

脫師範體系的框架，具有高度的僵固性。我們看現在的師範大學及教育大學都已經越來越接近一般大學；但是現在的中小學仍然受到師範體系很大的影響。

像我這種非師範體系出身的教育局長，不可避免地會給中小學帶來非常大的衝擊。由於我是經濟系教授出身，我對教育資源的投入會講求效率，我對學校的要求和教育體系出身的不太一樣。我會講求自由開放和公平競爭，但是我也會重視拔尖扶弱。公平就是讓每個人享有教育資源的機會均等，也就是這樣，所以我們往往重視扶弱，而忽視拔尖。

我接任局長之後的第一個想法就是要變革。因為教育不改變，就無法跟上時代的潮流。歷史上的變革多以失敗做終，少有成功的案例。我很喜歡研究日本明治維新時期的歷史，日本明治維新是由具有資產階級意識的武士所領導，像**木戶孝允**、**西鄉隆盛**及**大久保利通**，他們深受西方思想的影響，並提出變革的主張。明治維新成功的原因之一就是外來荷蘭

學的注入，有了外來的刺激，便成了改革的火種。

2016 年我提出了建置「智慧學校、數位學堂」的方案。先由桃園國小來試點，如果成功，再推廣到其他學校。一開始，我們並沒有預期桃園國小會全面建置。因為所有的老師都要熟悉互動式的教學法並不容易，所以先由少數熱血教師的教室先開始。吳雅芬校長承受了我給予她很大的壓力，因為我常常會注意建置的進度，也會常常到桃園國小去視察。吳雅芬校長的挑戰主要是要對老師溝通，她要說服老師去做改變，讓老師們能夠運用數位科技教學，並且讓教學翻轉。由於桃園國小熱血老師的投入，數位教室的進展也超乎我的預期，最令我感動的是有 60 歲的老師也加入了智慧教學的行列，並參加兩岸智慧好課堂大賽，在中國大陸連續兩年奪得總冠軍。

桃園國小的成功，給國中端燃起了一些希望。我便選擇了大有國中作為智慧學校數位學堂的另一個試點。大有國中

的陳家祥校長年輕、有衝勁、肯學習，也具備了數位科技的一些知識，加以該校的幾位熱血老師教學表現都非常突出，給我留下非常深刻的印象。大有國中不但進行數位教學的改造，同時也利用數位科技去了解學生學習的表現，並進行診斷和補救。大有國中更把數位科技帶來的好處，發揮到淋漓盡致，也使得大有國中的學生在會考及本市模擬考的表現達到五星級的水準。

—02—

翻轉教育

　　桃園國小及大有國中以數位科技的融入作為改革的起火點，從數位式的互動教學延伸到創客教育。教學變得百花齊放、多采多姿。教學工具更是五花八門，有機器人、3D列印、雷射雕刻與切割、AR、VR、zSpace、Arduino、Microbit 及

飛行器。要打仗，除了人員的士氣高昂之外，就是要武器精良、彈藥充足。這兩所學校都已經具備了打勝仗的條件，但是要打勝仗更需要有策略，並得到外力的支持。

公元 1600 年是日本戰國時期最具關鍵性的一年，以**德川家康**為首的東軍和**石田三成**率領的西軍在關原展開會戰，戰事陷入膠著之際，**德川家康**引頸盼望的**小早川秀秋**終於加入戰局，攻入西軍**大谷吉繼**的陣地，造成了**德川家康**的勝利。2017 年是桃園市智慧教室建置成功的分水嶺，我們桃園智慧教育的老師紛紛走出國門，在國外獲得大獎。不可諱言的是：桃園市的優秀老師加上數位科技工具，不但讓教室翻轉，更讓教學卓越。這些耀眼的成績，更加堅定了我們推動「智慧學校、數位學堂」的決心。

智慧教學象徵著傳統教學方式的結束，也宣示數位科技融入教學方式的開始；意味著更新，也意味著變革。清朝同治年間的洋務運動，大量引進西方科技及各類西方著作

文獻，派遣留學童生，雖然開啓西學之門，但因傳統文化欠
缺現代管理思維，加上守舊勢力的反撲，終致失敗收場。因
此我們在推動智慧教育時，老師的思維必須跟得上時代的發
展，否則會功敗垂成。

　　和晚清的自強運動一樣，我們派遣高中生公費到美國
史丹佛大學及柏克萊加州大學，進行為期兩週的數位科技培
訓，這就是海外高中生研習計畫。海高一期於 2018 年 7 月
開辦，共派遣 40 位高中生，每所市立高中職各推薦甄選 1 名，
另外 24 名則透過全市公開甄選。2019 年的海高二期，由於
鄭文燦市長的大力支持，增加到 60 人，2020 年更增加到 90
人。我們也期盼海高的學生在受完訓回到各校之後，成為變
革的火種，把高中的教育翻轉燃燒。

—03—
智慧和勇氣

　　數位教育翻轉教學這把火在桃園是先從小學開始點燃，由於小學還沒有升學壓力，小學生的可塑性很高，而小學老師是包班制，可以教不同的課程。老師有了數位工具可以很容易跨領域教學。老師發問，小學生也相對比較踴躍搶

答。搶答的答案可以呈現在教室的觸控螢幕上，老師及學生都可以知道。教室裡學生變成主角的機會增多了，老師受到挑戰的壓力也加大了。不只教室內的觸控螢幕可以上網，學生的數位載具也是。所以對老師來說，「Your students are learning without you!」。

清代思想家魏源在「海國圖志」中提出「師夷長技以制夷」，倡導學習西方的先進技術以抵抗西方列強的入侵。然而經過了180年，我們仍然受到西方先進技術的支配，不僅技術如此，思想亦復如是。何以如此？這和傳統的教育制度有關。中國傳統的教育，塑造了知識份子士為庶民之首的階級制度。教育的內容不是科學，而是文學和法令制度的規範。教育的重大目標之一就是透過科舉制度求取功名。所以造成了「十年寒窗無人問，一舉成名天下知」的現象。

中國傳統的知識份子浪費很多時間在背誦上，並受到傳統剛性教育框架的束縛。但是西方的科學家卻花很多時間在

實驗上，從實作中產生改變創新，並務實去解決問題，重視效率。日本海海戰的英雄—日本海軍元帥**東鄉平八郎**的至理名言：「一門百發百中的大砲要勝過一百門百發一中的大砲」。鴉片戰爭時期，參加戰爭的英國東方遠征軍除英國本土外，加上旁遮普的印度步兵大約 2 萬人，當時參戰的八旗和綠營則有 20 萬，難怪打敗仗道光皇帝會震怒。

教育改革只能贏不能輸，只許成功不許失敗，因為社會成本很高。怎麼判斷會成功然後勇敢而堅定地去進行？這個

答案很難，因為它需要前瞻性的眼光、高度的智慧和挑戰的決心和毅力。1894 年 7 月 25 日中日甲午戰爭的前夕，清廷向朝鮮增兵，並向英國租用商船高陞號運兵赴朝鮮。駛至朝鮮牙山灣的豐島海域，被時任浪速號艦長的**東鄉平八郎**下令擊沈。由英國人駕駛的英國商船雖然載滿清軍，但是要擊沈它，後果會有國際法和英國反應的問題，需要智慧和勇氣。**東鄉平八郎**的智慧和勇氣，也造就了他日後所指揮的聯合艦隊，在日本海徹底擊潰俄羅斯的波羅的海艦隊，並使陸軍大將**乃木希典**最終能攻克旅順，贏得日俄戰爭的勝利。

—04—
有勇有謀

　　好萊塢明星**湯姆 • 克魯茲**主演一部電影叫＜最後的武士＞，戲中他參加了日本明治維新時期舊武士和新軍的戰爭。舊武士不願意接受現代化的改變，傳統的武士刀及弓箭難敵洋槍洋砲，以致被殲滅。現在的數位科技造就了 cyber citizens，我們的老師也都會成為 cyber teachers。不願意調整的，就會成為最後的武士。

教室裡的變化不是只有老師，連學生也是。過去傳統的教育下，老師單向傳播知識，偶爾請學生回答問題。老師具有權威，是課堂上的主角，學生則是配角。新時代的教學下，老師是配角，是問題的提出者，是解惑的協助者。學生則是主角，是問題的解決者，是老師的挑戰者。

我在美國唸書時修了一門美國經濟史的課，老師講到殖民地經濟，有產階級的地主資本家剝削無產的勞動者，結果就有學生提問：難道無產者就不能剝削無產者嗎？舉例來說，我沒有土地，我便向地主租了一塊土地後，以更高的價格轉租出去而獲利，這不是無產者剝削無產者嗎？這和我們對傳統認知的剝削不同。所以馬克思的觀念也要隨時代的進步而調整。課堂上若有了數位工具，老師面臨的挑戰會更大。

我剛開始推動「智慧學校、數位學堂」時，很少老師有

意願，現在則是今非昔比，許多校長及老師都積極爭取，需求蜂湧而至，多到以目前的預算遠不能滿足所需。這個現象使我想起 1863 年 7 月 3 日美國南北戰爭中，蓋茨堡戰役最

後一天的皮克特衝鋒（Pickett' s Charge)。

　　蓋茨堡戰役的前 2 天，南軍向北軍兩側翼發動攻擊皆失

敗，南軍總指揮 Robert Lee 將軍便決定第三天對北軍的中央
發動攻擊。12500 人的南軍在開濶的原野中要向前推進 3/4
英哩時，任由北軍砲轟，衝鋒的士兵死傷慘重，北軍反擊後，
很快便結束戰鬥。此一衝鋒以指揮官之一的 George Pickett
將軍來命名。南軍維吉尼亞部隊的中尉軍官 John T. James 說：
「我們失去了最勇敢的弟兄，但是我們除了榮耀之外，什麼
也都沒有得到。」（＂We gain nothing but glory, and lost our

bravest men.")

　　南軍在無計可施下，做出了有勇無謀的衝鋒，徒勞無功。現在我們面對大量蜂湧而至的需求，站在預算主管機關的立場，如何決定分配也是一大考驗。我們希望學校提出的數位教室及設備之申請，要有勇也要有謀。很多學校以年級為單位，申請同一年級全部裝設，這就像皮克特衝鋒。尤其是同一年級班級數較多的學校，所需經費較大，沒有外力支援，成功機率較低。這樣一來，很會數位教學也很想有數位教學的老師會被連累到。因此，給校長一些額度，讓校長依現實需要去配置，才是可行的方法。

—05—
知與行

　　各個學校在建置數位教室時，校長應該先瞭解有那些老師可以運用互動式的數位教學，才給予在班上建置。桃園市的新進老師在分發之前，必須接受互動式數位教學的訓練，

分發到各校之後，其任教的班級就會優先建置數位教室。這種做法才能確保互動式數位教學的推動。現在每個學校都要數位教室，也都要華麗的校舍，我們不能因流行而趕流行，也不能單就因學校老舊的外表而美化。我看到很多學校「金玉其外，敗絮其內。」家長也不明究裡地去擠那些學校，以為新就是好，殊不知一個學校學習的內涵才是最重要的。

要提升孩子的學習內涵，就要讓我們的孩子走出學科界限的束縛。芬蘭推動現象式的學習（phenomenon-based learning)，又稱主題式學習，學生可以針對好奇的事物或現象，進行跨學科的學習並刺激學生產生多方面的興趣和學習動力。我去西雅圖參訪一所微軟的未來學校，在語文課中，學生正在做環境損害的報導，這就是典型的主題式學習。

要推動主題式學習，老師需要投入較多的備課時間，也需要更多的時間去增能研習。主題式的教學不僅可以跨不同的學科和領域，也可以組織不同學科領域的老師形成一個團

隊,共同備課,集體創作新教材,相互腦力激盪,讓學習擺脫傳統的束縛。學生從構思主題、搜尋資料、研究到執行,以共同合作的方式來完成計劃。

主題式學習是一種主動和以探究為基礎的學習。它整合了知(knowing) 與行 (doing)。也可以讓我們的學生運用數位工具,經由共同合作討論,產生了高品質的共同產品,也讓學習者從做中累積了豐富的經驗,也產生了動力、熱情和創造力。

—06—
跨領域

　　2018 年桃園國小的學生在 ICF（國際智慧城市論壇）的評審委員到校訪視時，所送的見面禮就是 3D 列印的西洋棋子和棋盤。每個西洋棋子都是重新使用 3D 畫圖設計，這種作品就是做中學、共同討論、知與行的典範。它也是數位科

技、美術和工藝的結合。當我看到孩子的創意設計時，就知道這些孩子的潛力無窮。

　　現象式或主題式的學習其精髓在於跨領域、跨學科的整合。跨不同的領域或學科，在過去很難理解。學科與學科之間的壁壘障礙很高，難以跨越。由於學習成本很高，許多不理解的部分，變成了空想或臆測猜想。由於學習科技的快速發展，學習的時間和成本快速下降，許多問題便從空想到科學，促進了理解，並加快了實現的腳步。

　　跨學科讓很多問題的解決，開啓了多扇門。也讓問題的解決有多角度的思考，並激發了批判力和判斷能力。我對中小學校長的演講，常提到我的「草船借箭教學法」。這種教學法是典型的跨學科教學。草船借箭是小學國文中的一課。我是老師的話，我先講述內容大意後，我就會問小朋友：「草船借箭是真的還是假的？」怎麼判斷？諸葛亮要借 10 萬隻箭，平均一艘船接 500 隻，那麼需要幾艘船？這下子就跨到

數學了。故事的發生地在赤壁，請各位同學上 google map 去看，這下子又結合地理和資訊了。再來，當時的氣候是濃霧，以古代的技術，那麼多船行進不會撞在一起嗎？小朋友，這故事是真是假？自己判斷吧！

台大有一門通識課程名為「文學、動物與社會」，是外文系的黃宗慧教授結合外國文學、社會學、倫理學和哲學

談動物的課程。透過跨不同學科的結合，將屬於自然領域的動物，用人文的角度去思考探究。有了跨學科的整合，不僅讓大學的通識課程更多彩多姿，更讓我們的中小學有新的視野。

　　教育的翻轉不僅是翻轉了教室裡的上課方式、教材器具、師生的角色地位，更要翻轉校長、老師、學生及家長的思維。教育制度也要變得更有彈性，教育法規也要因應調整。法國有一所名為 Ecole 42 的學校，不頒學位和文憑，沒有老師，學生靠的是自主學習、同儕間的教學（peer to peer pedagogy）和主題式的學習，是一所著名的程式設計學校。

—07—
實驗教育

　　法國的 42 學校，給我們另外一個對自主學習的啓示。
2017 年我以桃園國中為基地，創立了桃園市自主學習 3.0 實
驗室。我們把在家自行教育及台北市自學方案解讀為第一代
自主學習 1.0，國民教育階段實驗教育準則與條例的施行期

間，解讀為第二代自主學習 2.0，到實驗教育三法推展期間定位為第三代自主學習 3.0。

自主學習 3.0 實驗室的建立，為桃園市自主學習的需求者建構一個多元專業與自主學習的場域，也可以依其需要，媒合至各級學校上課。其中包含專屬網站、隨選視訊與課程資料庫、授權網路平台與 VR 虛擬實境設備、個別學習與小組討論空間、科學實驗與智慧學習教室、更有簡報與專題講座空間的軟硬體設備。期能培養學生善用科技，運用系統化、個別化的有效學習方法，進而能夠終身學習，這是全國教育界的首創，更是桃園市引領實驗教育進入新的里程碑的宣示。

自主學習 3.0 實驗室是一種非學校型態的實驗教育，參與的學員可以提出自學計劃，經由輔導諮商建議，輔以所需做中學的場域和設備，以利其自主學習。這和一般在家自學的最大差異在於：當需要做中學的時候，有適當的空間和設備；當需要諮商的時候，有專家可以輔導；當需要充實知能

的時候，有經典大師講座可以得到啟發。

除了自主學習之外，華德福教育（Waldorf Education）也是一種實驗教育。它起源於奧地利科學家、哲學家與藝術家Rudolf Steiner 所創的人類哲學（Anthroposophy）。它是人類學和哲學兩個字組合而成，是一門研究人類本質的學問，從身體、心靈及精神三個層面來看教育。在 0-7 歲是身體層面的求善時期，這個時期幼兒需要的是營養的照顧及充分的活動，孩子的學習主要是觀察與模仿；7-14 歲是心靈的求美時期，這個時期的教育要以藝術化來進行；14-21 歲是精神的求真時期，要教育孩子具有批判的精神。

華德福教育在桃園市也得到了充分的發展，2008 年在仁美國中附設華德福教育，成為台灣第一所與傳統學校共存的「一校兩制」具有實驗色彩的學校；2017 年外社國小和新屋高中都分別增設了華德福實驗班。因此，從小學、國中到高中，在桃園市已經完成了華德福教育的三級銜接。

　　華德福教育和一般的傳統教育不同。華德福強調要親近大自然，讓身心靈得到全面發展。7歲前的幼兒只需靠感官學習，不需要看書寫字。華德福教育也給孩子很大的空間，去激發他們的創造力並豐富他們的想像力。由於脫離了傳統教育課綱的限制，也不主張通過考試、比賽和排名等方法來衡量學生。儘管如此，桃園市華德福學生的學力檢測成績高於全市平均水準，這和美國華德福學生的ＳＡＴ成績高於全國平均水準，有異曲同工之妙。

—08—
政府不能失靈

除了自主學習 3.0 實驗室和華德福教育之外，2019 年在龍潭高中也創建了工匠技藝學堂。此一學堂採取做中學的教學，沒有課綱也不用課本，只有實作，訓練各種師傅及工匠

技師，不頒發文憑，只有通過檢定，核發合格証明。這個學堂和高職不同，高職的修業年限是三年，並有升科技大學的進路，學堂的訓練則視一個人的學習狀況而定。

台灣的教育制度有很僵固的剛性。中央主管機關的教育部對台灣的教育管理太多，對教育鬆綁的步調非常緩慢，無法順應時代潮流的需要。從幼兒教育到高等教育全都如此。政府對教育的嚴重干預，影響了學校的健全發展。政府對教育的干預主要表現在：學校人事、經費及學生學雜費的控管，與各項業務高頻率的視導和評鑑。政府不該管而卻管理不當，造成政府的失靈（government failure）。

政府的失靈首先表現在國民義務教育中，公私立學校的不公平競爭上面。所謂辦學績優的私立學校，在招生方面，可以免除法令限制。因此，私立學校可以透過考試入學的方式，甄選績優的學生入學。因此，私立學校能力編班順理成章，而公立學校只能常態編班。只要家庭經濟許可，家長便

樂於把孩子送進私校。而且私立中小學的學費往往高於私立大學的學費，仍然讓許多家長趨之若鶩。

由於政府管得太多、管得太死，外國的學校進不來，我們國際化的腳步就不夠快。依政府的規定，台灣的外僑學校只能收外籍的學生，本國籍的學生還要取得外國的護照才能就讀。全世界的名校在台灣要設立分校，以現行的辦法也有

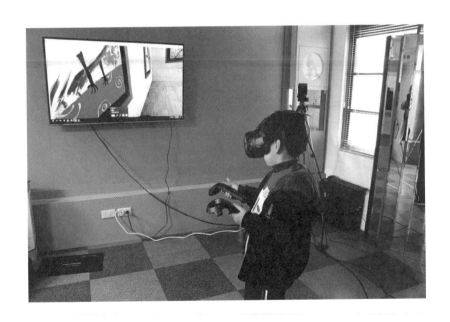

困難。美國的紐約大學可以在國外設立分校，而我們的大學
卻不能。

　　大學的學雜費也受到政府嚴格的管理。這種嚴格管理政
策，造成長期以來，學雜費都維持在低的水準，使得大學教
授的薪資相較於其他國家偏低甚多。由於大學教授的專業性
很高，本身又具有很高的流動性，很容易造成人才外流。低
廉的學費也使得學校必須籌措其他的財源，由於學校有財務
壓力，教學設備少有更新，教學品質難以提升，再加上教育
改革、廣設大學後，面臨少子化的困境，更使一些私立學校
雪上加霜。台灣的高等教育面臨了空前的艱困挑戰。

—09—
高教災難

　　台灣的教育改革，為了舒緩學子的升學壓力，便廣設大學。由於政府沒有善盡審理，使大學供過於求。在少子化的壓力下，許多末段班的大學出現了經營的危機，甚至要退場。

廣設大學造成高等教育的災難，只要想讀大學，每個人都可以入學。許多學校的招生，甚至出現大幅缺額。因此老師必須討好學生，學生的學習風氣日益低落，學生素質也日益惡化。少子化給大學部的招生帶來嚴重的衝擊，而經濟發展的停滯，使高階人才的需求無法大幅增加，更使博士班的招生雪上加霜。

招生的績效變成許多末段班大學教師的任務。這些大學教師必須想盡辦法，到各個高中入班宣導，並為許多高中生做入學的模擬面試。前段班的國立大學則是到各個著名高中去宣傳，因為越來越多優秀的高中生都選擇到海外著名的大學就讀。廣設大學後，大學成為基本學歷，造成對就讀碩士班的需求增加，為了滿足在職者的升學需求，碩士在職專班如雨後春筍紛紛設立。碩士在職專班的學費，比一般生要高出很多，就成為各大學的金雞母，也增加了大學及任教老師的收入。

碩士在職專班經過了多年來的發展，也日趨飽和。以國立頂尖大學為例，早期碩士在職專班的學生，多為業界的菁英、軍中的將官、警界或公務體系的高階主管。現在招收碩士在職專班的學生，多以基層的公務員、軍警或公司的基層員工為主。因而現在學生的身分背景也起了很大的變化。和一般生相比，碩士在職專班的學生比較珍惜讀書的機會。他們若有缺課，多是因為工作的關係。然而一般生的缺課，則是學習意願低落、或教授的教學無法引起興趣所致。

　　我們觀察台灣各級學校學生學習的狀況發現：在小學因為科技及數位工具融入教學，使得學生的學習多采多姿。在國中由於升高中的壓力最大、考試最多，造成學生學習上的麻痺，而又不得不學習，等到升上高中，由於大學升學的管道多元，學生不只注重學科的學習，也要投入參與服務社會的活動，以期能在升大學推薦甄選的過程中，被視為居於有利的地位。

—10—

升學壓力

　　學生的學習成效也會受到家庭及老師的影響。相對來說，社經地位較高的家庭，投入給孩子的教育資源相對較多，對孩子學習的成效較為關注，因此孩子學習的相對表現較佳。單親、隔代教養及弱勢的家庭，能提供給孩子的教育資

源相對較少，較不關心孩子的學習狀況，造成孩子學習上的落後。因此政府就必須投入大量的資源在補救教學。

老師對學生可以產生非常深遠的影響。二次大戰結束之後，出現了戰後的嬰兒潮，人口大幅增加。20世紀的下半，台灣人口大幅增長，尤其是嬰兒潮帶來了學校規模的擴大，每班的學生人數驟增，最大的規模甚至超過目前的兩倍。相較於今日，老師的負擔非常重，在這種情況下，仍然有許多熱血的老師，孜孜不倦的從事教學，並在微薄的待遇下，仍然對學生的日常生活特別加以關心，實在令人感動。在那個時代環境背景下，出現了許多令人感動的師生間的故事。有許多學生立志向上的例子，都是受到老師啟發和幫助的影響。過去有所謂「一日為師，終身為父。」更可以證明老師的影響。

長期以來，中華文化中有「天、地、君、親、師」五尊，更彰顯了老師的崇高地位。然而，今日的時空環境產生了很

大的變化，經濟發展所得提高，使人們不只對休閒的需求增加了，也對服務的品質更為在意。同時教育走向產業化，加以知識水準的提高，民主意識的覺醒，老師對自身權益的維護更為注意。教師可以組織工會和各種教師團體，積極參與各種會議，並對教育政策做出建議。由於現在社會發展的多元，學生產生的問題也形形色色，家長對老師和學校的期待也有一些落差，造成了親師生之間的錯綜複雜。由此可見，現在的校長和老師所面對的壓力，要更甚於以往。

毛澤東說：「哪裡有壓迫，哪裡就有反抗。」現在教育體系中的壓迫存在於：行政、教師、學生與家長之間。當前已經有許多人把教育當作是一種產業，有校務行政的資方和付出教學的勞方，變成勞資對立，殊不知擔任行政的校長與主任也都是教師出身，系出同源。另外常見的壓迫也存在於家長和學生之間。家長對學生的期望，給予學生很大的壓力，也造成了學生的桎梏。這種情況，在學生的升學階段特別明

顯。壓迫感最大的就是國中的學生。每天要考很多試，以期能培養良好的答題能力，在國中會考中勝出，這也是老師和家長的期待。

—11—
進一步退兩步

　　1904 年列寧寫了一本名著《進一步，退兩步》，這是列寧在建黨初期和黨內機會主義派別鬥爭的產物。自從教育改革之後，我們的觀念與時俱進，表面上看起來是進了一步，然而在現實上產生了很多問題和紛擾，可說是退了兩步。有過則改，善莫大焉。怕的是：有過不改，堅持到底。日俄戰

爭時，攻打旅順 203 高地的主角**乃木希典**大將明知俄軍防務堅強，配有機槍，還命令他的士兵以人海戰術衝鋒，導致重大傷亡。雖然最終攻占了 203 高地，但是付出的慘重的代價，他自己的兒子也陣亡在 203 高地。教育改革這條路，一旦走上了，就路徑鎖定，再回頭已百年身。

我們先以高等教育的改革來說，大學自治、校園民主、教授治校、大學評鑑等深深地影響了台灣高等教育的發展。在威權統治時期，大學校長的任命，沒有經過遴選委員會。等到大學自治、校園民主化之後，教授可以推選系主任、院長及校長。於是選舉文化進入了校園，教授間也形成了派系、派閥。尤其在選舉期間，不只要處理許多黑函及攻擊，還要布局支持的樁腳，並尋求教授選民的支持。大學教授兼任行政，和中小學老師兼任行政職務有很大的不同。中小學老師兼任行政職務誘因很低，沒有意願，甚至出現行政大逃亡。中小學的老師會兼任行政，多半是校長的請託和本身熱心的

奉獻。明星國立大學因為校外資源相對豐富，教授兼任行政的意願相對較高，由於競爭相較激烈，也都努力積極爭取機會。

對高等教育改革衝擊最大的就是大學的評鑑。由於廣設大學，造成大學教學品質參差不齊，教育部便啟動了大學評鑑的機制。原本立意良善的評鑑機制，造成了許多亂象卻是始料未及的。首先是教授限期升等，學術研究成果的量化評

比。研究型大學的教授升等，重學術研究而輕忽教學。學術研究論文發表在不同的期刊，區分不同的等級，而給予不同的點數。累積到一定的點數門檻，才有機會升等。各大學對

教授升等，多以國際學術期刊的刊登或參與國際性學術研討會的情形為主要的依據。

由於大學評鑑制度的推行，讓台灣的學者在升等及評鑑的煉獄中掙扎。許多學者為了創造學術研究的表面績效，投

稿到所謂的掠奪性期刊（predatory journal）。這類期刊號稱有專業編輯、同儕審查、高影響係數（impact factor）等，以有機會參加會議、發表論文，有機會刊登期刊為誘因，收取昂貴的稿件處理費獲取利益。由於大學要衝排名和國際化，各大學都鼓勵國際發表。對教授來說，可以累積升等點數，也可以應付教師評鑑。有些大學甚至提供研究獎勵，和補助出國研討會的經費，並替學術履歷加分。

—12—
校園民主

　　大學和中小學均設有教師評審委員會，大學是系、院、校 3 級教師評審委員會，中小學只有 1 級的教師評審委員會。另外一個不同點就是：大學有教授升等，中小學則沒有。因此大學的教評會還需要處理教授的升等問題。在制度設計

上，大學的教評會由於有 3 級，人情包袱較少，比較能夠淘汰不適任的老師。中小學的教師評審會，因為只有一級，人情包袱壓力較大，不適任教師的問題比較難處理。

校園民主化給學校帶來的衝擊，從大學到小學都成立了許多的教師團體。教師團體成立的主要目的，在於維護並主張教師權益和監督校務發展。校園民主化後，校務會議成為校內最高決策所在。除了校務會議之外，也成立了許多委員會，大小會議不斷，也會影響老師的教學工作。校長的治校理念常常與老師不同，老師可以透過教師團體像教師會及教師工會，給校長及教育主管機關施加壓力。老師的本職工作在於精進教學，但是校園民主化後，消耗了他們太多的時間在非教學相關的事務上。除此之外，家長對老師的需求增加，也會讓老師花很多時間在與家長的溝通上，這種情況以小學最為明顯。

校園民主化也對校長的遴選造成了一些影響。從小學到

大學，只要有校長遴選，就會有一些問題並造成困擾。以中小學來說，評量一個校長究竟適不適任，都需要一些參考資訊。這些參考資訊，主要來自對就任學校的訪評。訪評的對象包括：老師、學生及家長。由於民主的意識提高，許多受訪對象都勇於表達意見。他們的意見成為訪評委員的參考依據並提供給遴選委員會參考。因此校長必須在校內外維持人和，並積極運用各種關係，以爭取分發到心目中理想的學校。

校園民主化使學生在校園內也有選舉。在小學有自治市長的選舉,中學及大學則有像學生會的自治團體。學生的多元意見亦可以容易地呈現,許多民主政治的觀念和運作已經在校園裡面深植。當前由於資訊科技的進步,網路上的討論越來越熱烈,對校長的檢驗,更勝於以往,校長的治校,所面臨的挑戰也就越來越大。

—13—
校內衝突

　　校園民主化使教育蒙上政治的色彩。校長經由遴選產生，不管新任、續任和轉任，候選人均使出渾身解數，透過各種管道，以爭取最大的機會，得到最好的結果。教師經由

推選產生教師組織的代表，並辦理教師組織的業務。由於教師自主意識高漲，校長與教師之間，常常存在著對立關係。有些校長甚至與教師經常發生衝突，為校園內的和諧埋下了變數。校長也是教師出身，在治理學校的時候，有時也應該要想想老師的立場。

　　美國鋼鐵大王卡內基（Andrew Carnegie）小時候從蘇格蘭移民到美國賓州，在紡織廠裡當童工，當過電報傳遞員、鐵路公司主管、貸款開發火車臥鋪車廂 到創建卡內基鋼鐵公司，成為億萬富翁。1892 年卡內基鋼鐵公司打算降低工資，結果引發工人們的罷工，並造成流血衝突和傷亡。最後公司還請州長動用了 8500 位國民兵鎮壓了罷工。此一事件造成了卡內基名譽上的污點，因為卡內基是童工出身，照理說，他應該體恤工人的狀況和立場。後來在 1901 年，卡內基將鋼鐵公司賣給金融鉅子摩根（John Pierpont Morgan）得款 480,000,000 美元，便致力從事慈善事業。1900 年卡內基創立了卡內基技術學校，也就是今日美國著名大學 - 卡內基美

隆大學（Carnegie Mellon University) 的前身。

教師團體代表的主張經常和校長相左，家長的立場也和教師對立。教師希望爭取更多的福利和權益，家長希望老師對其子女付出更多的愛心和教育。在威權時代，老師有絕對的權威，各種教導方式家長都會接受，家長也都必須討好老師，請老師多關注，以求得其子女有好的學習表現。現在的民主時代，老師的教導必須讓家長滿意。加以家長自主意識的覺醒，更與老師的看法不同，終將形成紛擾。

當有對立衝突時，力量小的一方不宜正面挑戰力量大的一方。1930 年 10 月起國民黨發動了對共產黨的五次圍剿，前四次共軍透過運動戰，打得贏就打，打不贏就走，成功守住了根據地。1933 年 10 月國民黨以五十萬軍力向中央蘇區進行第五次圍剿，此時紅軍的兵力只有八萬多人，中共臨時中央負責人博古（本名秦邦憲），採用了共產國際派來的軍事顧問李德的建議，以陣地戰代替游擊戰和運動戰，結果招

致了共軍開啟 25,000 里的長征。共軍在長征途中攻佔了貴州遵義，並召開了中共中央政治局的會議，總結了失敗經驗，初步確立毛澤東在軍事上的領導地位，對中國共產黨的發展極具關鍵。

在校園民主化下，校長要治理學校、領導學校，面對眾多的老師和家長，要多聽他們的意見，尋求可以解決問題的空間，不要因為權力在手，而失去轉圜的餘地。這樣一來，會使得家長和老師，向民意代表或教育行政主管機關陳情，這樣一來壓力又會回到校長身上。現在的校長治理學校實在難為，要有策略，也要有情緒管理。

—14—
校長作為

　　許多校長認為：充實硬體建設，最能夠反應校長的政績，因而積極爭取資源美化校園，整建教室、廁所、圖書館、校史館及會議室等，這些硬體工程可以很容易地讓師生及家長

看得見，雖然硬體設備的改善很重要，但是教育的目標，也就是人才的養成，更加重要。有些學校為了展現學校的特色，在硬體建設上，打造獨特的風格。有建置風車、雕塑恐龍、建築瞭望台等等，不一而足。花了許多經費在這些硬體建設上面，能夠提供給孩子學習的內容實在有限。

校長對於校務經營的重點，應該放在提升學生學習力上面。政府在偏鄉，投入很多經費在學校的硬體設備上面。學校的外表雖然亮麗美觀，但是缺乏內涵，學生的學習力也相對低落。學生的學習力，在過去，是以學科的成就為主要的衡量依據。在現在的教育環境中，多元發展、適性展能，才是主要的教育目標。由於科技能夠融入教學，山上和海邊的孩子，也能做出和物聯網有關的生活小幫手。我們只要給孩子資源和工具，並教導他們、啟發他們，他們就有無限的可能。

戰國策有云：「循法之功，不足以高世；法古之學，不

足以制今。」教育必須要有創新，校長為一校之長，也是領頭羊，若沒有前瞻性的眼光、創新的思維，學校就沒有特色，也只能訓練傳統的孩子，不能培育未來的學生。因此，不僅老師需要增能，校長更需要隨著時代的進步而充實自己，讓自己有創新觀，勇於突破；讓自己有前瞻觀，順應未來；讓自己有國際觀，放眼世界。

孫子兵法虛實篇：「兵無常勢，水無常形。能因敵變化而取勝者，謂之神。」現在的教育環境和形式變化的非常快，然而許多校長仍不知不覺，或後知後覺，依然拘泥於傳統，沈浸於過去，或安逸於現在，被動消極。日俄日本海海戰開戰前，日本聯合艦隊向大本營拍發了「本日天氣晴朗，但浪花很高。」的電報，天氣看起來很好，但前途充滿了挑戰。我們的校長要站在時代的浪頭上，永遠領先。

校長要有創新而積極的作為，不要因為麻煩而不做，不要因為困難而猶豫，不要因為憂慮而退縮，不要因為傳統而

保守。荀子修身篇：「道雖邇，不行不至；事雖小，不為不成。」在現代快速變遷的教育環境下，勇於突破創新、積極任事，成功的機率大於零；被動消極，努力守成，成功的機率等於零。

―15―
相互信任

　　校長在學校內也要組織一支強而有力的行政隊伍。老子道德經:「知人者智,自知者明,自勝者強。」校長不但要知人、知己、更要超越自己。 校長不能孤軍奮戰,所謂「輕霜凍死單根草,狂風難毀萬畝林。」毛澤東也說:「一個籬

笆打三個樁，一個好漢要有三個幫。」以交通便利、資源條件好的學校來說，如果校內老師兼任行政不容易尋找，從校外介聘來當行政則比較有機會。然而就偏鄉小的學校來說，原本人力編制就少，校長要找到正式老師兼任行政，其機會少之又少。

教師團體對於校長組織的行政團隊，常有不同的意見。每當在教師介聘工作會議時，教師團體的代表經常會對介聘教師去兼任行政工作，表達不同的意見。他們主張介聘教師擔任行政工作，必須公開、公正、而且透明。教師團體代表的觀點在於機會的公平，但是他們忽略了校長要的是：行政的配合與效率。既能符合公平的原則，又能夠滿足效率的期待，這是一個高難度的問題。早期校長有充分的任命權去組織他的行政團隊，在校園民主化之後，教師團體變成了監督與制衡校長最重要的角色。

公平與效率，長期以來也是熱門討論的議題。教師團體

的論點是建立在校長任用私人的假設上。當桃園市政府教育局開創介聘行政專長教師時，教師團體很有意見。行政專長教師的開缺，主要是配合校長組成行政團隊的需要。教師團體則認為：特地為行政專長的教師介聘，有違制度的公平性。由於觀點有異，需要妥協，妥協必須建立在信任的基礎之上。

在人類社會的演進中，欣欣向榮的發展，都是存在於言出必行的社會中。如果缺乏信任，個人都會投入很多資源、精力和時間，去擬定應變計劃和採取行動，以確保後果不太嚴重。喜馬拉雅山的小國不丹，每戶家庭可以砍伐一定數量的樹木供自己使用。在不丹政府將保護森林列為環境保護的情況下，不丹這個人煙稀少且散居各地的國度，如何確保法令可以執行？不丹人已經將對的事情內化，政府與民眾彼此存在著信任。若校長與教師團體間彼此存在信任，校務行政工作，推動的就會比較順遂。

—16—
公平與效率

　　校長也是教師出身，但成了一校之長，變成站在教師的
對立面。因為校長要維持學校的規範，安排校內資源的分配，
或多或少就會和教師的利益衝突。校長要維持校內的和諧，
就必須取得教師們的信任，能夠讓老師支持校長所推動的政

策。所以校長必須以正向誘因鼓勵老師，成立教師專業成長社群。透過各種教師社群，凝聚老師們的向心力，以有利於校務的推動。我在桃園市成立智慧教育聯隊，並擔任大隊長，聯隊的成員就是智慧學校的校長，或數位教育重點學校的校長，大家定期開會研習，增加聯隊的向心力。有了智慧教育聯隊，推動桃園市的智慧教育就更加容易。這種被我指定成員組成的智慧教育聯隊，雖然組織的過程有些武斷，未盡公平，但結果看來很有效率。公平與效率存在著取捨（trade-off)的問題。

　　一個學校中，會有一些比較認真和才能較高的老師，展現較高的效率，得到較多的教學資源。但是這種效率不管公平，若要兼顧公平，則意味著有才能的人不能表現太好，而且得特別保護比較不努力和才能較低的人。如果是這樣，學校就很難進步了。認真努力、行政能力強的校長，我們必須給予全力支持；被動消極、校務發展遲滯的校長，我們必須

給予正向刺激，讓他能有驅動力。

校長必須要有識人之明，不只要認識教職員，更要認識學生。校長要發掘校內人才並加以重用。校長要「告之以難而觀其勇；期之以事而觀其信，諮之以計而觀其識，窮之以辭而觀其變。」義興國小的馮立縈校長，在引進外師教學後，發現了一位英語不錯的孩子很喜歡找外師聊天，當外賓來訪時，就可以請他出任英語小導覽，效果很好。大有國中的陳家祥校長，則利用數位科技的大數據，有效進行補救教學，更是利用數位科技來促成識人之明的例子。同樣地，校長也要有勇氣接受挑戰，樂於犧牲。南崁國小鄧克文校長轉任青園國小籌備處主任，要中斷校長年資 2-3 年，誠屬不易。

校長在缺乏資源的時候，除了向教育局尋求協助之外，最常見的就是找民意代表或家長會幫忙。偏鄉的家長會資源有限，對學校的贊助可說是杯水車薪；但都會區的家長會，資源相對豐富，募款也相對較易。對於學校的建設，有的情

況是校長找民意代表，有的是民意代表找校長，校長要資源，民意代表要選票。除此之外，校長的調動，候用校長的分發，他們都認為找民意代表很有用，殊不知校長的辦學績效、人格特質以及治校理念，才能讓遴選委員投下支持的一票。因為遴選委員會中，有教師團體的代表，他們都會熱烈發言表達意見，也會睜大眼睛來監督遴選的公平性。由於教師代表，對資訊掌握相對豐富，加上教育圈很小，訊息流傳很快，校

長和候用校長被教師代表所肯定的，遴選結果也就比較沒有爭議。

至於新進教師的甄選或教師的介聘，都是講究公平而欠缺效率。最公正客觀的標準就是採取筆試，然而一般筆試只作為初試的門檻。關鍵的錄取在於複試的口試。由於各校不能百分之百從教師甄選過程中，獲得充分的師資。有些考上教師甄選的老師，因為家住外縣市，也參加外縣市的甄選並且同樣獲得錄取，因而放棄了錄取資格，以致又造成教師出缺。由於教師甄選完畢，各校校長只能聘用代理教師。其實有許多代理教師，教學方面表現得非常出色，但是他們的罩門，卻是在教師甄選的筆試。會筆試不見得有利於教學，考校長時，優異的筆試成績，不見得就能勝任好校長。現任的校長都是通過激烈的筆試，才能進入複試的口試，考校長可說是非常辛苦，他們反對取消筆試的立場是可以理解的。

—17—

校長的養成

　　有考試這種制度就會有補習，即使是考校長也不例外。

學校的主任平時忙於校務行政工作之餘，還要花時間去準備

考試，真是情何以堪？有的參加補習班的課程，有的在線上

學習，有的參加校長主任讀書會，各種形式應有盡有。值得
矚目的是：參加退休或資深校長所組成的讀書會，號稱最有
用，考上的機率也最高。比較特別的是：具有博士學位的退
休中小學校長，轉任大學教師之後，有學術色彩和實務經驗，
頗受大家的歡迎。這一類型的讀書會，凝聚力相對較強，和
補習班的情況大不相同，加以有些資深校長也在授課，若取
消筆試，也會損及他們的利益。這也是校長主任甄試改革的
困難點，阻力也會來自這些授課的資深校長。

　　考上校長之後，緊接而來的就是校長的儲訓。儲訓是校
長養成的初步階段，我們要求學員要有創新的頭腦、宏觀的
視野、溫良恭儉讓的人格特質，與一顆具有與時俱進的心。
所以，我們請了企業家、大學教授、與美學專家等，來給這
些準校長們上課。為了擴大他們的視野，校長主任的儲訓學
員，都會被安排到國外考察，希望對未來治理學校會有一些
幫助。由於儲訓的工作是由學校承辦，並尋求大學的協助，

又因講究人情，儲訓的學員都可以百分之百結業，換句話說，儲訓並沒有進行真正的考核，致使每位學員順理成章地認為：有一天終將被派任校長。

實際上，在校長遴選時，前期的候用校長因缺少而派任少，造成前期的候用校長還在等分發，而後期的候用校長也完成結訓。因此，累積的候用校長越來越多，就產生了要不要按照期別先後來分發的爭議。按照期別來分發，是基於倫理的考量，並非用人唯才的思考。在用人方面，三國時期，劉備喜歡談道德，孫權喜歡談出身，只有曹操沒有禁忌，頒布了《求賢令》，唯才是舉。長期以來，校長圈因為期別及其他的因素，就有所謂師父校長的出現。師父校長雖然有利於經驗傳承，但在校長界，影響力也相對較大。

現在由於年金改革的關係，校長們多不提早退休，造成候用校長的嚴重塞車。候用校長的派任，更顯得激烈競爭。這個時候，反倒是可以選擇好校長的絕佳時機，因為合併期

別來考慮，可以選擇的人選較多。期別優先有沒有正當性？

若只重視期別而不考量能力高低，連帶影響到學校的發展，

這也是我們所不樂見的。所以在校長儲訓的過程中，必須嚴

格考核，未達標準，就必須予以強制退訓，以減少不必要的

困擾。

—18—
校長領導

　　校長在第一任任滿及第二任任期過半時，就可異動。為了學校的長治久安，除非人地不宜，否則我們都會鼓勵校長連任。然而，校長都會考慮有那些心目中理想的學校近期會出缺，只要有合意的，校長們就會填異動。校長心目中理想的學校大概都是：學校規模不能太大、校舍不能太舊、親師

生不能有太多的麻煩等。在過去，校長心目中的學校有：智、仁、勇三級，反映了學校不同的規模。校長的歷練都是從小學校開始，經中等規模的學校，一直到大規模的學校，循序漸進，也反映了不同層次的聲望和權力。現在因為社會的變遷，學生的問題加大，讓校長對大規模的學校望之卻步。

每年校長的遴選，都會引起各界很大的注目。遴選委員會要去思考如何為學校選出的適合的校長。唐代的魏徵給唐太宗建議用人的方法，在他的《諫太宗十思疏》中強調：「簡能而任之，擇善而從之，則智者盡其謀，勇者竭其力，仁者播其惠，信者效其忠。」任何的遴選委員會，在考慮各個候選人時，除了候選人個人的才能之外，智、仁、勇和信的人格特質，也應納入考量。遴選委員會最終的決定，是由秘密投票產生。各委員間的考量或許不同，但在民主社會，還是要多數決，才能決定最終的人選。

校長到一個學校履新就任，就如同要打一場關鍵性的戰

役。一開始就要在新的環境中，贏得各方的支持和信任，並激勵校內同仁的士氣。2007年，我從政大去接任開南大學校長，我的就職致詞，引用了日俄戰爭日本海海戰開戰之前，主帥東鄉平八郎向日本聯合艦隊下達的「皇國興廢在此一戰，各員一層奮勵努力。」當時少子化的浪潮已經開始衝擊高等教育，我用這句話來激勵大家共同努力。後來接任桃園市教育局長時，本想引用英國海軍名將納爾遜（Horatio Lord Nelson）的話，由於納爾遜是悲劇英雄，所以我就放棄引用。

1805年拿破崙戰爭時期，納爾遜在特拉法加海戰（Battle of Trafalga）擊敗了法國和西班牙的聯合艦隊，

使得拿破崙沒有能力攻擊英國，也鞏固了英國海上霸主的地位。海戰前，納爾遜下達了：「英格蘭期盼每個人恪盡其責」（England expects that every man will do his duty.)的名言，激勵了英軍的士氣，贏得了海戰的重大勝利，但納爾遜也中彈身亡。倫敦的特拉法加廣場，就是為了紀念此一重大的勝利而建。特拉法加海戰和日本海海戰，都是影響歷史發展的關鍵性戰役，主帥的精神訓示都成了歷史上的名言。

　　校長就是學校的主帥，要開展新局，就像經歷一場關鍵

性的戰役，只能成功，不許失敗。校長可以個人魅力，運用各種激勵誘因之策略，激發教師之成就動機。大有國中陳家祥校長說得好，校長要有「四給」：給資源、給舞台、給掌聲和給安慰。歷史上成功的戰役，如何以寡擊眾，以少勝多，需要強烈的激勵誘因，才能將士用命，上下一心，達成勝利。所以校長的領導，不管是交易領導（transactional leadership）或轉型領導（transformational leadership）都要運用激勵誘因。

—19—
兵貴神速

　　當前由於時代環境的快速變化和科技的進步，使我們的學習從固定場域到隨處學習，從平面學習到立體化學習，從被動學習到自主學習和合作學習，校長都必須要有前瞻性和創新性的思考。108課綱啟動之後，校訂課程的設計，校長

更須扮演主導的角色。要注意的是：學生的學習不一定局限在校內，學科的界線也不再涇渭分明，校長可以鼓勵進行跨域整合，塑造學校特色，並讓學生能多元展能。

回想我就任局長之初，我提出了「三個合作、三個學習」的構想。也就是：各級學校合作、跨域合作、及產學合作；在生活中學、在做中學、和失敗中學。截至目前，由於數位科技的引入，許多學校都興起了創客教育（maker)的熱潮。因此，做中學的概念已經深入到各個校長的內心。現在的校長都在積極爭取創客教室，這種教室不僅老師喜歡，學生更喜歡。創客教室中，有 3D 畫圖、3D 列印、雷射雕刻與切割、各式各樣的組裝機器人、電鋸及印花機等，會讓學生流連忘返。

桃園市的創客教室，是從小學端先開始建置的。由於小學沒有升學壓力，從小學來推創客教育，可以激發孩子的創造力及思考力。桃園市的桃園國小、青溪國小及南崁國小的

創客教室各有特色，各有所長，也吸引了許多國內外的學校和教育團體前來參訪。在國中則升級為自造中心，並在教育部的支持下建置完成。較具規模的有建國國中及平鎮國中，並和職業試探相連結。另外，有創造力資優班的學校像經國國中，及有自主學習的學校像桃園國中，均有建置創客教室。

我會大力支持建置創客教室，主要的原因來自於十多年前，我和美國麻省理工學院 (MIT) 的比較媒體研究 (comparative media studies) 續約派遣交換生時，特別要求造訪媒體實驗室（Media Lab)。自此之後，參訪了數次媒體實驗室，真正了解到世界第一流創新的主要場所就在那裡。媒體實驗室讓我充分了解到世界創新的趨勢，也讓我知道創新的重要性。媒體實驗室的創新作品可以啟發讓我們有不同的思考。比方說，我們看不到的地方，是不是用相機可以照得到？結果 MIT 做到了，他們把這種照相技術稱為 Femto-photography。

創新的速度要講求快速，快速才能永遠保有領先。這和兵貴神速，道理是一樣的。《三國志‧魏書‧郭嘉傳》，「兵貴神速。今千里襲人，輜重多，難以趣利，且彼聞之，必為備。不知留輜重，輕兵兼道以出，掩其不意。」公元207年，曹操聽了郭嘉這些話，快速行軍，大破烏桓，平定了北方。1948年11月國民黨軍的**黃百韜**兵團奉命向西邊的徐州移動，大軍抵達碾庄休息整頓。此時，共軍華東野戰軍在粟裕的指揮下，行軍快速，趕到了碾庄的西邊，把**黃百韜**兵團包圍了。粟裕後來說如果晚到四個小時，**黃百韜**、**邱清泉**和**李彌**兵團合在一起，淮海戰役就打不成了。這個戰役，60萬的解放軍大勝80萬的國民黨軍，也促成了蔣介石的下野引退。

—20—
打破傳統

　　現在大家都在強調 STEAM，我們就要增加 Reading 而成 STREAM。大家都在做創客或自造，我們則是要增加

AIOT(人工智慧物聯網)。當很多教室已經裝備觸控螢幕來代替黑板或電子白板時，我們的老師已經可以在任何學生的座位上，控制螢幕的變化，讓老師在上課時永遠貼近學生。我們的步調就是要比別人快，這樣才能永遠保持領先。當別人一直向我們取經，我們就要將它轉化為一股進步的力量。在教育這條路上，我們要永遠保持領先，我們必須創造價值（value），我們的成果具有稀少性（rarity），我們的成就具有不可模仿性（imitability），還有我們的組織（organization) 能有效迅速利用資源和動員。

2005 年 Hasso Plattner 和 David Kelley 創立了 Hasso Plattner Insitute of Design at Stanford 簡稱 Stanford d.School，即史丹佛設計學院。他們在餐巾紙上寫下著名的宣言：我們的目的在創立最好的設計學院，培育未來的創新者成為劃時代的思考家和實踐者，以設計思考啟發跨領域團隊，強化教授、學生和產業的共同合作，處理大的計劃和探索新的解決

方案。由於史丹佛大學設計學院的成功，哈佛大學商學院及倫敦帝國學院（Imperial College London）都開設了設計思考的課程。未來有很多工作都會被機器人及人工智慧所取代，也只有從無到有、從 0 到 1 的創意發想才不會被取代。

創新的思維和創新的做法要從哪裡先行突破？最簡單的方法就是反向思考，也就是說為什麼不（why not?)。舉例來說，我們小學的校外教學通常是以參訪校外機構、環境設施、及風景名勝為主。為什麼不能安排到其他學校接受其他老師的授課？或和其他學校的學生共學？長期以來，人們的買賣交易，通常都是一手交錢一手交貨，後來就衍生了為什麼不先取貨？或為什麼不先付錢？於是各種交易制度就被創造出來了。所以創新也必須打破傳統思考的框架，才能找到創新的解決方法。

在美國有一個學生想要搬家，但自己沒有車，他發現屋子內有一箱啤酒，於是他連上網路的公布欄，希望用這箱啤

酒換一次搭便車的機會，結果讓他完成了搬家。這個學生把那箱本來是搬運「負擔」的啤酒，變成解決搬家問題的「資產」。這個解決方案，顛覆了傳統的思考框架。史丹佛大學的 Tina Seelig 教授出了一個很有創意的作業給她的學生：先將學生分組，提供每一組一個裝有 5 美元現金的信封，並請學生在一個星期內，用信封內的現金賺到最多錢，然後每組做三分鐘的投影片報告其成果。得到冠軍的隊伍認為最寶貴的資源，在課堂上跟全班報告的那 3 分鐘，他們將這 3 分鐘以 650 美元的價格賣給了一個獵人頭公司，讓這家公司到史丹佛大學課堂上播放廣告。

—21—
新設學校

　　我們替學校增加了很多新的設備、新的硬體、以及新的教學模式。這些和教育有關的新事物，對各校來說，都可以透過親職教育日向家長宣導。我們看到各校的親職教育日，家長都踴躍參加。平日孩子在學校的時間，幾乎都比和家長

在家裡的時間長。家長也會藉著親職教育日之便，多去了解孩子在學校的表現。在現代化的社會中，家長通常會把孩子委託給學校來教養管理。因此，老師和校長的責任也就變得越來越重，不只是傳道、授業、解惑，還要加上生活照顧管理。加以為了解決年輕父母的教養子女問題，學齡前入學幼兒園成為政府鼓勵的政策，使得教育問題愈趨重要。

其實教養子女的費用很高，從幼兒園可以收托的年齡開始，到大學畢業，期間長達將近 20 年。對於許多家庭來說，教育費用是一筆龐大的負擔。少子化雖然造成家庭孩子的數目減少，然而有經濟能力的家長，願意投注更多的資源在教育子女身上。少子化造成了中小學的減班，連帶影響到中小學教師的超額問題。在二次大戰後的嬰兒潮時期，人口大幅增加，雖然廣設學校，就學的壓力仍然讓政府感到吃力。於是大班制便應運而生，每班 5、60 人已經是司空見慣。老師的教學負擔很大，教學品質也難以提升。當前的少子化讓班

級的規模縮小，每班人數降至 30 人以下。桃園市由於外來的移入人口增加，除了改建新校舍外，就是有增加新設的學校的需求。

新設的學校沒有包袱，可以變成一流的學校，並走在時代的尖端。換句話說，這也是從無到有的過程，也可視為是一種創新。因為沒有包袱，也就會很有彈性，可以發展一些亮點。台灣的中小學有很多受到傳統的束縛，所訓練出來的學生，比較缺乏挑戰的精神、比較沒有自信、被動而消極。我到以色列去參訪一所小學，一走進校門，迎面而來的是充滿自信的學生向我做簡報，完全不用背稿子。到他們幼兒園參訪，幼兒園的小朋友正在上敲打鐵釘的課。但在我們這邊，家長會關心孩子會不會受傷，兩邊真的有很大的差異。

為了要站在時代的尖端，新設的學校必須要強調國際觀與科技觀，也必須成為一所典型的示範學校。因為沒有包袱，所以比較容易打造，也比較容易發展特色，可以結合最新科

技融入教學。由於學校是新設，師資結構可以趨向年輕化，教師增能的空間和機會也相對較大。以 Toyota 設計新一代油電混合動力車 Prius 為例，豐田公司從各個部門挑人，把他們從熟悉的環境中抽離，用全新的概念來設計車子，結果成效很好。由此可見，若我們想推動數位科技教育，請各科老師推派代表組一個小組來籌劃，有可能仍然限於既有的課程框架中，但沒有辦法翻轉創新。

—22—
智慧教育

　　所以，桃園市就必須要組織一支智慧教育聯隊，突破現有的傳統教學方式，進行破壞式的創新。雖然要改變現有的教育體制和教學模式會面臨一些困難，尤其是現有的老師面

對新的教學模式，會有很大的衝擊，然而我們的智慧教育聯隊最大的功能就是去輔導他們，讓他們了解這種改變不會太困難，對老師可以智慧增能，並增加老師們的自信，對學生可以激發他們的學習力和學習興趣。

新設立的學校必須以智慧教育做基礎，並讓學校本身有更多的可能性和彈性，在整個教學活動上，提供學生有更多元的學習機會，擴大他們的視野，培養他們的國際觀，而不要被校園的界限所限制。所以我們期待新設立的學校所培養的學生要具備：創意設計能力、批判思考能力、問題解決能力、以及溝通互動能力。以當代新設的學校來說，被視為成功的案例。

2014 年才開始招生的密涅瓦（Minerva）大學，總部位於美國舊金山，該校申請入學的錄取率大約是 2%，比哈佛、耶魯及史丹佛大學的錄取率還低。這所大學顛覆了傳統的教育，沒有圍牆、沒有運動場、沒有圖書館，所有的課程都在

網路上進行，讓老師教學、學生學習不再侷限於地域。不過，學生第一年要住在舊金山的學校宿舍，而且被要求四年內要到七個國家的城市去體驗，這種以城市為基礎的學習活動，非常具有創意。平常學生上課透過電腦登錄教學平台，就能打開線上的虛擬課堂，上課的頁面會出現老師和所有學生的面孔，老師每次的發言如果超過 5 分鐘，就會受到平台系統的警告。因為老師的功能不在於傳統的知識傳授，而在於提出問題後，尋找解決方案的引導，並且讓學生參與討論，分享觀點，找到答案。每堂課也會被錄下來，有助於學生的追蹤學習。

在台灣由於教育的普及、知識水準的提升，許多不同於傳統教育的學習模式，也逐漸為許多人所接受。像台中一中及台南女中都有學生被密涅瓦大學所錄取，並選擇就讀。台灣的許多實驗教育，像華德福及自主學習等不同的模式也正日益發展，也說明了現在的教育和過去的教育實在差很大。這些差別也反映了隨著時代的進步，造成教育制度的鬆綁，

教育模式發展得更加的多元，教育場域也突破了傳統的限制，也讓我們無時無刻、無所不在及無遠弗屆的學習，這也是新時代下，學習的精髓。

　　新時代的學習，不要害怕失敗，我們要在失敗中學習。美國電視脫口秀節目的名主持人歐普拉 (Oprah Winfrey) 說：「失敗意味著人生必須轉向而已（Failure is just life frying to move us in another direction.)」。從失敗中學，也就是不放棄繼續學習，繼續換個方式學習。Uniqlo 的創辦人柳井正發現代工廠製作的衣服有很大的問題，於是他大幅刊登廣告，以 1 百萬日元，募集對 Uniqlo 的不滿。結果總共收集了將近 1 萬條的意見，讓他意識到雖然營收成功，但是產品品質不佳。使得他重視產品品質，並讓 Uniqlo 行銷全世界。這種情況，就如同我們有很多校長重視具有華麗外表的校園，而忽略學生學習力的提升。這些校長們應該學習柳井正，不要害怕學校學生低落的學習力，找出原因，並對症下藥。

—23—

校長的考驗

　　校長應該不要害怕失敗，要積極找出學校的問題所在，

勇敢的去面對並接受挑戰。不要讓阻力和挑戰來打敗你，失

敗了沒有關係，從失敗中記取教訓，調整策略，選擇適當的

時機再出發。2008 年哈利波特的作者羅琳（J.K.Rowling) 對哈佛大學畢業生的演講說：「失敗會過濾掉對你不重要的事物（Failure meant a stripping away of inessential.)。」蘋果的創辦人之一賈伯斯 (Steve Jobs) 在麥金塔電腦銷售量下滑之後，於 1985 年被迫離開了他所創辦的蘋果公司，後來他調整策略，努力於軟體市場開發，並於 1997 年回歸並重整蘋果公司，挽救了蘋果瀕臨破產的窘境，使蘋果公司壯大重生。

校長也必須有抗壓性，在校園民主化及新時代的環境下，校長面對家長、老師、民意代表及教育行政主管機關的壓力越來越大。近年來，很多行政減量的措施紛紛出爐，但是家長對校長的期待與需求，卻是與日俱增。由於教師自主意識的提高及對自身權益的主張，也會增加了校長的壓力。除此之外，民意代表也會關切校園事務，也使得校長在處理校務方面，更加勞心勞力。當初學校教師透過甄選、儲訓、歷任主任而至成為校長，校長的養成確實不易，但要面對變化迅速又複雜的社會，必須要有堅定的心和高度的抗壓性。

　　國共戰爭時期，共軍經歷了國民黨軍五次的圍剿，國軍
以優勢的兵力，進攻共產黨的中央蘇區。歷時約一年的戰爭，
幾乎消滅了共產黨。1934 年 10 月，共軍被迫撤離中央蘇區，
展開了 2 萬 5 千里的長征。在長征途中，紅一方面軍攻佔了
貴州遵義，並召開了會議，總結失敗經驗，推舉毛澤東為政
治局常委，使中國共產黨的發展，進入了一個新的轉捩點。
五次圍剿對共軍造成極高的壓力，共軍也有堅持到底的決
心，一直到最後關頭，才突破國軍的包圍，展開了長征。校
長會面臨千百次的壓力，擔任校長走的一條路，也就是長征
的道路。

　　從錄取、儲訓、實習到分發，這一連串的過程，準校
長們都會希望用最短和最快的方式完成。每個人莫不絞盡腦
汁，耗盡心力，動用各種人際關係，並對各校上疊的機率做
出評斷，以便填寫志願序。然而分發的結果，往往不符預期，
尤其是年金改革之後，退休的校長減少，連帶影響出缺狀況，
這需要有高度的抗壓性，和心理上的調適。

—24—
廣設大學

　　我們雖然經歷了教育的改革，但是身處在教育體系中的
校長、老師及學生壓力卻是有增無減。本來教育改革是在舒
緩學生的升學壓力，改變升學的方式，開闢多元的升學管道，
以便讓學生多元展能。當年主管教育的決策者，並沒有了解

到人口結構的變化，與人口成長的趨勢，廣設大學和高中職。待少子化的浪潮襲來，許多學校招生不足，甚至面臨倒閉的危機。記得我在政大擔任社會科學院長的時候，教育學院的院長告訴我：「教育是夕陽產業。」怎麼樣將夕陽產業變成永續發展的產業？結構的重整有其必要性。

先從高等教育來看，由於廣設大學，供過於求的情況非常嚴重。目前澳洲的人口有 2 千 5 百萬，42 所大學，我們的人口比澳洲少 2 百萬，但是大學的數目大約是 4 倍。招生成了很多大學校長和教師的嚴重負擔。各大學院校莫不使出渾身解數，想盡辦法深入高中職去做招生宣導，或透過策略聯盟和高中職維持密切的合作關係。以前大學老師們不太願意深入高中做招生宣導，都要補貼他們交通費和一些津貼，他們勉強才有誘因。後來因為學生人數驟減，系所有被裁併的疑慮，才使得他們迫於現實去招生。

雖然現在的環境可以人人念大學，不過因為大學還是有

評比，大家還是喜歡選擇有聲望的學校。由於大學入學制度的改變，變得更加多元，有以大學學科能力測驗為基礎的繁星、推薦甄選和個人申請入學，又有指定考試為基礎的分發入學，對考生來說，雖然有更多的選擇，但也耗費較多的時間和成本。家庭經濟較為優渥的學生，他們入學的備審資料，可以花一些代價經由委辦，使他們的申請資料居於比較有利的地位。這種情況和透過代辦申請出國留學相類似。

我們的教育仍然向有錢人傾斜，根據台大經濟系駱明慶教授的研究，2013 年台大生家庭所得在全國前 4% 者，就佔了超過 3 分之一；而家庭所得在後 50% 者，尚不足 6%。所以相對較多家庭經濟較佳的學生，他們付出較為低廉的學費，享受較好的教育服務。所以我們的教育資源補助有錢人的子女相對較多；而補助弱勢學生則相對較少。教育原本是可以促進階級的向上流動，如今教育如果變成世襲，那就是教育的不正義。

—25—

教育正義

　　我們講教育正義，就是能讓每一個人受到教育的機會均等。家庭經濟較佳的子女，他們所得到的教育資源相對比較多，投注在學習的時間也相對較長，因此學習成效較佳。以學習英語為例，經濟情況比較好、且重視英語教育的家庭，

其子女學習英語的起始時間相對較早、學習時間較長、學習環境也相對較好，英語能力當然較弱勢學生為佳。香港影星**周潤發** 40 歲才開始學英文，其辛苦可想而知。在電影《神鬼奇航 3- 加勒比海海盜》中，用流利的英語和好萊塢巨星**強尼戴普**演出精彩的對手戲。小時候的周潤發愛逃學，學歷很低，工作之後，痛下決心，使他逐漸克服困難，終於學好英文。教育資源較少的孩子，必須要好好把握機會，透過學習，改變命運。所以教育機會的均等，更要給弱勢的學生創造更多的學習機會。

教育機會均等包含了平等（equality）及公正（equity）兩個概念。平等是等量的正義概念，是立足點的平等，也是要確保起始點的平等。公正則是強調對個別差異，進行差別處理，要求結果的平等。因此教育機會的均等，就是要做到有教無類與因材施教。換句話說，要做到起始點公平，結果也能符合個人的需要而達成公正。因此，國民義務教育不以考

試結果訂入學資格，入學後進行常態編班，才符合平等原則。對於學習的差異，進行個別化的補救教學，這也是因材施教，才能達成教育的公正。

我們的教育強調平等與公正，因此對弱勢學生的照顧非常重視。但是長期以來，我們對資優教育的投入，相較於對弱勢學生的扶持，相差甚遠。從資優的資格來說，要通過成就和性向測驗，才能鑑定其資格。由於受限於國民義務教育常態編班的關係，資優生只能編入普通班，而資優教育的進行，卻只能透過抽離式的服務，所得結果實在非常有限。加以資優教育限制嚴格，雖然有縮短教育年限之辦法，但實際的執行結果，難以看見。

―26―

資優教育

　　桃園市為了投注更多的教育資源在資優教育上,在武陵高中成立了資優教育中心。此一資優教育中心,肩負了桃園市在 12 年國民義務教育中,培育資優生的重責大任。在國中,資優生的鑑定,從入學後改為入學前。換句話說,在小

學六年級下學期畢業之前,可以申請參加鑑定,鑑定通過之後,向各設有資優班的公立國中報到後,由各校選送參加在武陵高中所舉辦的資優生夏令營。美國對資優生的教育有:暑期夏令營、線上教育、及家庭學術計劃。資優教育其實是發展個人特性,也需要超乎常規的教育和培養。

依照特殊教育法,資賦優異指的是:有卓越潛能或傑出表現,經專業評估及鑑定具有學習特殊需求,須特殊教育及相關服務措施之協助者。因此,資賦優異包括了:一般智能、學術性向、藝術才能、創造能力、領導能力、及其他特殊才能等類別的資賦優異。我們的資優教育重點,應該放在發掘資優生的多種潛力,並透過啟發式的教育,為他們量身打造。

美國有一個小女孩上課坐不住、不專心,作業無法按時完成,於是媽媽就帶她去看醫生。醫生順手打開收音機播放音樂,便把媽媽帶離診療室,並對她媽媽說;「讓我們在這裡觀察她一下。」他們看到了小女孩隨著音樂起舞,於是醫

生就建議小女孩去上舞蹈學校。這個小女孩就是後來成為著名舞蹈家，也是著名音樂劇「貓」的編舞者 Gillian Lynne。從這個案例可見，該醫生似乎比小女孩的老師更適合當老師。

很多的國中資優生，都會選擇私立學校就讀。因為辦學績優的私立學校，可以免除法令限制，因此，可以考試入學，並分發到私立學校的資優班。殊不知私立學校的師資及設備皆不如公立學校，且私立學校注重升學考試，在升學至上的壓力下，只有讓資優生更難擺脫填鴨式教育的命運。就讀私立國中，或可能是家長的安排。我們更應該要讓家長知道：資優教育包括很多種資優，公立的國中可以提供十足的服務，相對地，私立國中可以提供的服務，都是有限。

—27—

家長參與

　　台灣的家長對子女的教育起了很大的影響。從進幼兒園
到升大學，都有家長影響的痕跡。由於「望子成龍、望女成
鳳」以及「萬般皆下品，唯有讀書高」的傳統觀念，更加深
了唯有教育，才能提升社會地位的想法。因此，在台灣父母

都甘心付出代價，栽培下一代的子女。所以台灣的家長，在很大的程度上，有能力決定子女的教育。例如家長可以決定孩子要進什麼樣的幼兒園，要學哪些才藝，要進什麼樣的安親班。

由於家長在學前及國民義務教育的小學階段，都會關注孩子的學習狀況，因此家長參與學校教育的活動需求，日益增加。每當各校舉辦親職教育日，家長參與的情況都非常踴躍。家長除了參與學校所舉辦的活動之外，有許多家長也會積極的參與學校的事務。學歷較高或家庭收入較高的家長，參與學校教育事務的意願也較強。從職業方面來看，軍公教人員及主管人員參與的意願要相對較高。高社經地位的家長，較為認同參與學校教育的重要性。低社經地位的家長，容易受工作時間的限制，參與的意願相對較低。

家長參與學校教育，主要在關心學生的受教權及學習權，並經由家長的參與，促進學校提升教學品質，並保障家

長的教育選擇權。高社經地位的家長，參與學校教育的意願
會更為積極，也會提供子女更多的學習資源，並比較容易和
教師建立良好的互動關係。由於他們積極的參與學校教育事
務，使得他們容易在學校的家長會組織中，扮演重要的角色。
擔任家長會長及家長會的幹部，按照長期以來的慣例，都會
有職務捐，其金額各校雖有不同，但也反映了家長參與學校
教育事務的意願，的確存在社經地位的差異。

　　規模較大的學校，家長會的組織也相對較大。除了會
長之外，也廣設副會長和各種委員，以期有更多的募款，讓
家長會的經費運用更加充裕。家長會的經費如同校長的小金
庫，例如紅白帖支出、學生出外比賽、各種獎金等，像這些
難以報公帳的狀況，都可以從家長會經費支出。各個學校的
家長會長，還可以參與組織地方性的家長會長協會。這種地
方性的家長會長協會，其成員多由社經地位較高的家長會長
所組成，並不局限於現任的家長會長，他們的幹部有較餘裕

的時間及經濟能力，而且他們的孩子多已畢業。因此，政治

性的色彩較為濃厚。

—28—

老師的角色

　　家長關心學校教育也給校長及老師帶來一定的影響。當代社會由於家長知識水準的提高，加上少子化的原因，家長對於子女的教育越來越重視，更願意把資源投入在孩子的教育上。因此對教育服務的品質，有更高的需求。過去在威權

時代，老師有一定的權威，家長都會尊重老師的教導和教學的方式；現在是民主時代，家長對老師教學的品質，或教學的方式不滿意，就會要求更換老師，或將他的子女轉班，或要求校方以不適任教師來處理。

其實一個教師的養成確實不易。從在大學修習教育學分開始，取得證照，並參加非常激烈的教師甄試，除了筆試之外，還要試教。教師甄試通過之後，以桃園市的例子來說，還要參加培訓，經過數位教育的教學檢定之後，才能分發到各校。事實上，教師的甄選和培訓都算嚴格，然而在學校出問題的老師，大多可歸因於其人格特質和教學服務的態度。

老師的價值除了傳道、授業、解惑之外，在現代還要擴大學生的視野，輔導學生的發展。一個成功的老師，不管時間經過多久，會被學生提及，會被學生記憶，會被學生尊敬。我在政大講授政治經濟學這門課，碰巧隔壁教室在上投資理財的課，授課的老師，正巧是我從美國回來任教第一年所教

到的學生。如今他也是歸國學人，也是為人師表。他看到我，還是恭敬地稱呼我為老師。我的學生有將軍、立法委員、警察局長、地方民意代表、董事長、總經理及很多和我一樣的博士教授。所謂「一日為師，終身為父。」的觀念，仍然普遍存在於我們的社會中。從這個角度來看，當老師真的是可以取得很大的成就感，尤其是大學教授有很高的社會地位，比較容易得到社會的敬重。

然而當前的中小學老師，由於家長的需求和老師的付出出現差距，也衍生了許多爭議。由於現代傳播科技的進步，人與人之間的溝通，也突破了許多時間和空間上的限制。特別是社群網絡的建立，讓人與人之間的溝通更加容易，也更加的方便。有許多家長向我陳情，老師的教學和班級經營令人感到憂心，希望能將他的孩子轉班。也有老師向我反應，家長的過度需求嚴重影響到他們的家庭生活，他們要花很多時間來處理教學以外和家長間有爭議的事務。時代不同，家長和老師之間的關係也起了微妙的變化。在過去，家長通常

會取悅老師，以求得老師對子女的關照。在當前，家長通常
都會要求老師，希望老師的教導都能讓他們感到滿意。

—29—

老師體罰

　　以我個人來說，我從小學開始對老師的觀感是又害怕又尊敬。害怕的是老師會體罰，尊敬的是老師寫的字都很漂亮，而且老師教了我們不少知識。我記得我小學一年級就當選台北市模範生，還到台北市中山堂去接受表揚。也當過了幾次

的班長，在老師的眼裡應該是好學生，可是我也被老師打過。尤其是屁股被藤條打過，坐下來都會感覺很痛。我小學經歷了兩個導師，那個時候老師上課都會帶著藤條，用藤條拍打桌子，還很令人震撼。那個年代，班上同學不乖，只要老師大聲斥責，並揮舞著藤條，大家都會安靜下來。那時候的老師所用的管教方式，雖然非常嚴格，但是家長們都能接受。

我那個時代，在高中之前老師還會打學生，尤其是考高中，升學壓力很大，如果唸的又是名校，成績不好會很難過。因此成績不好時，挨打的情況會更嚴重。等到升上高中，體罰的情況就越來越少了，因為高中生的體格越來越魁梧，力氣越來越大，反抗性越來越強，教官以及老師都會有所顧忌。所以高中畢業典禮之後，有些常被學生記恨的教官和老師，就要特別小心，以免被蓋布袋痛打一頓。

不過，現在回想起來，雖然被老師體罰，但是也不會抱怨和記恨，心中只有存著感恩。感念老師能夠讓我的成績保

持在不錯的水準，感念老師在我成長的過程中，沒有學壞變壞。說也奇怪，那個時候的體罰遠比現在嚴重，被老師處罰，也不敢回家告訴家長，很多學生的心靈也沒有受到創傷，反而還會感謝老師、懷念老師。現在則不一樣了，有很多學生被老師處罰後，不敢上學，也不敢向家長說，心靈受傷嚴重，這和以前相比，真的是有很大的差異。

在當前，老師體罰學生會有嚴重的後果。老師會被移送到教師評審委員會，去評議是否為不適任的教師。情節輕微者記過，情節重大者可能面臨解聘或不續聘的處置。過去的家長可以同意老師體罰，但是現在的家長對老師的體罰卻難以容忍。主要的原因是：每一個家庭的小孩子越來越少，孩子就變得越來越寶貴，父母親也就變得越來越遷就孩子，也比較能容忍孩子的偏差行為。

—30—
體罰與處罰

　　長期以來，不只老師體罰小孩，家長也會，而且更加嚴重。根據美國奧斯汀德州大學教授 Elizabeth Gershoff 和密西根大學教授 Andrew Grogan-Kaylor 對許多體罰研究所做的整合分析指出：父母的體罰會對孩子造成許多負面的影響，會使孩子有更多的暴力侵略傾向，更多的反社會行為，更多的

行為與心理健康問題，與父母的關係較差，並有較低的認知能力和自尊心。美國喬治城大學的研究發現：最常採用體罰的父母來自低收入和低學歷的背景，不過亞裔的父母卻是例外，多數亞裔的父母贊成體罰。

美國有 50 州，雖然過半數的州明文禁止體罰，但是仍然有些州明文允許。即使是明文禁止體罰的州，仍然存在學校體罰的案例。美國小兒科醫學會建議，可以取代體罰的方式，除了常用的隔離方式之外，也可以用象徵的方式來進行。比方說，孩子表現好的時候，給予貼紙，可以收集起來兌換一些小東西作為獎勵，犯錯的時候，則予以沒收貼紙作為處罰。其他的懲罰可以包括：拿走喜歡的玩具或減少觀看螢幕的時間。該學會也建議：不要嚴厲辱罵包括羞辱孩子，青少年的憂鬱與行為問題與此有關。

不聽話的小孩給老師和家長都帶來了很大的困擾。美國馬里蘭州巴爾的摩的 Robert Coleman Elementary School 用另類的方法來教育小孩。老師把不聽話的孩子帶到冥想室，由

有受過訓的輔導員幫助孩子思考自己行為的後果。在冥想室內，學生做不同形式的深呼吸，對特別鬧的孩子，還會做瑜珈。另外還會做一些創造性的寫作，也就是冥想寫作。經由這種方式，學生們從冥想室回來以後，通常會對自己之前的行為表示後悔，學生也更遵守紀律。

2006 年台灣通過《教育基本法》中禁止體罰條款的修正案，明定學生不得接受體罰。到目前為止，仍然有許多老師因體罰而受到懲戒，也有部分學生，因體罰太重而身心受到傷害。因此，如何區分體罰和處罰，對孩子有適當的管教，並且給予老師尊重和空間，是家長和老師之間要有共識的問題。目前時代的主流是友善校園的零體罰政策，然而現實的情況是：學生對老師越來越不友善。芬蘭也是一個零體罰的例子，最常見的處罰方式是放學後留在教室罰坐，反省不當的行為。如果有危及其他學生的安全或嚴重影響教學，則可面臨最長 3 個月的停學處分。如何替代零體罰的懲戒做法，值得我們深加探究。

―31―

心靈導師

　　和以前的學生相比，許多老師都會覺得現在的學生越來

越難管教。由於現代社會，雙薪家長的現象非常普遍，家長

與孩子溝通的時間變少，家庭功能逐漸式微。現在社會人口

及社會經濟結構改變，單親、隔代教養等社會問題，都會影

響到家庭教育的功能。家庭教育功能不彰，連帶影響到孩子的人格發展與學習狀況。老師們都會感受到家庭教育功能不彰，會對學生產生負面影響，也會使老師的教學和班級經營，都必須付出加倍的心力。

現在的老師多認為學生很難管教，但是現在的學生則多認為老師很難懂得他們的內心。其實學生不難管教，真正困擾的是家長的管教方式不當。尤其是學校教孩子的規矩，遭遇到家長的否定，學生因此仗著家長的否定，公然向老師挑戰。由於學生是老師教學和工作的對象，老師必須了解學生內心的想法，和他們對老師的期望。學生都希望老師經常給予他一些鼓勵和關心，不要只注重分數而忽視努力。

老師可比擬為一個園丁，教育園丁的任務，是創造一個讓學生生長和學習最適合的環境，並吸引學生的注意力，激發學生的學習興趣和動力，並鼓勵學生培養自動自發的能力。老師也要懂得因時制宜，在適當的情況下，選擇合宜的

教學法，老師也必須有足夠的判斷力，對使用的教材內容與教學工具運用到最恰當。除此之外，授課只是老師工作的一部分，老師應該還是學生的心靈導師，讓學生充滿自信。

平凡的老師會講，好的老師會解釋，優秀的老師會演示，偉大的老師會啟發。老師是教育體系的重心，任何人記得他的教育，就會記得老師。從小學、中學、大學到碩、博士，我記得很多老師。最讓我印象深刻和深受感動的老師，就是我的論文指導教授 P. Geoffrey Allen. 他曾經擔任國際預測學會的會長，在預測領域頗有聲望。有一次我去研究室找他，他桌上堆滿草稿，正在思考問題，我不好意思打斷他的思緒，向他說再找時間找他，他馬上推開桌上的草稿，清出一些空間讓我和他討論問題。他常指定我閱讀一些論文，又怕我不知道論文的重點，都會附帶一些重點提示給我。這麼好的老師實在難找，當然會永遠記得。

—32—
老師的責任

　　美國參議員馬侃 (John McCain) 曾經是海軍飛行員，越南戰爭時期當過戰俘。2008年，曾經代表共和黨和民主黨的歐巴馬競選總統。他在1967年在一項攻擊河內的任務中，座機被擊落，而成為北越的戰俘，歷經痛苦的折磨，直到

1973 年才獲得釋放。他最感謝高中時代的老師也是第二次
世界大戰退伍軍人 William Ravenel，他說老師教給他的是榮
耀、價值、標準和品德。老師不僅給他很大的啟發，對班上
其他同學來說也是。

以前和現在的老師都會注重品格的培養、行為的教導、
以及學科的傳授。不過由於時代的進步，科技的升級，使得
現在的老師教學更加活潑、教材更加多元、教具更加進步，
老師們的備課所要花的時間也更多。因為新的時代講求創
新，重視創意，上課不能照本宣科，不但要激起學生的學習
動機，老師上課還要有幽默感，上課不只給答案，還有引領
學生思考。

老師除了上課之外，有的還要兼任導師，有的要兼任行
政工作，在少子化的情況下，有些老師還要離開學校去招生，
像個推銷員。其實在當前的時代環境下，老師要像校長一樣，
共同規劃學校未來的發展特色，並努力去完成。比方說，校

長和老師都有共識，要建立一所未來學校，要當未來學校的
老師，必須要有新的知識和科技。並透過教師專長增能，改
善教學法，活化數位教材，並激發學生的學習動機。

—33—
教之本在師

好的老師感化學生，讓學生心存感激和感恩；壞的老師羞辱學生，讓學生心存記恨和抱怨。「善之本在教，教之本在師。」好的老師和學生沒有距離，不僅將他的學識傳授給學生，還是學生人生旅途中的好夥伴。好的老師幽默風趣，

教學易懂，公平的對待學生，有愛心和耐心，走進學生的生活。壞的老師道德淪喪，教學品質低落，對待學生言語尖酸刻薄，粗暴無禮，講究成績至上，甚至體罰。壞的老師通常會運用自己的權力，去踐踏學生的自尊。

早期的老師大部分都是師範體系畢業，在學期間，學業成績都有一定的水準。可說是老師心目中，可以信任和放心的學生。因此在他們的求學過程中，大部分都是循規蹈矩、敬業樂群。師範體系的畢業生，絕大部分一生的工作只有教師，也因此容易塑造成穩定和保守的性格。自從政府推動教育學程之後，非師範體系出身的畢業生也可以擔任老師，造成教師的來源多元化。有些非師範體系出身的老師，他們在擔任老師之前，有其他的職場工作經驗，他們可以帶給學生不同的視野，讓學生了解不同的世界。

雖然老師的來源改變了，但是在新的時代，老師的觀念、教材、和教法都需要改變。若老師不能改變，教育改革也終

究不能得到成功。台灣和芬蘭都進行教育改革，芬蘭的成功令全世界讚許。最特別的是：芬蘭對學校和老師都沒有固定的考核制度。芬蘭的老師有非常強烈的職業榮譽感和責任心，他們的教師甄選制度非常嚴格。對教師基本的學歷要求是碩士以上，要入學師範院校非常困難，錄取率很低。所有的老師都被要求接受培訓，學習診斷學生的困難，並依照學生的需求和學習狀況，進行差異化教學。芬蘭的老師和學校有很大的自主權，經營管理由學校自治。所以學校有高度的自主性，和多樣化的教學方式。

芬蘭的家長對老師有高度的信任，不像台灣的家長都要費盡心思去選擇學校和班級。芬蘭的家長會認為選擇離家近的學校就可以了，這也反映出家長對老師的高度信任。然而學業表現最優秀的老師，未必就是最好的老師。芬蘭讓我們知道不是讓最優秀和最聰明的人來擔任教職，而是要設計出一套良好的師資培育制度，從具有教學熱忱和教師專業的人，選出最佳人選。

—34—
新時代的老師

　　事前的師資篩選和培訓，比事後的評鑑考核更加重要，
因此，芬蘭沒有教師評鑑。由於教師的甄選，競爭非常激烈，
除了解理解能力和思想觀念外，還有測驗心理素質是否適合
接受師資培育，以及本身的人格特質，是否有解決人際關係

衝突，和學習障礙的能力。教師的素質整齊而優秀，也必須
接受嚴格的專業學術訓練，與實際的教學演練。通常教師評
鑑制度太強調老師個人的表現，有可能導致老師之間，以自
己的利益為主要考量，而不願意分享教學經驗。

在新的時代，要有新的觀念和新的思維，過去一直強調
對教師考核的教師評鑑，不如改以積極鼓勵老師正向發展的
教師專業成長研習。對學生來說，絕對的分數和成績，在新
的時代下，已經不是像以前的重要，現在教育的重點，在於
學生要如何學習。目前在學校端，要從訓練過去的學生，改
變成訓練未來的學生。在訊息瞬息萬變的時代，知識更新的
很快，所以學生離開學校進入到社會，所要用到的知識，很
多目前還沒有出現。學校目前可以做的是：加強學生聽說讀
寫的能力。有了這些能力做基礎，透過廣泛的閱讀，吸收別
人的知識轉化為自己的想法，才會激發創意。

現在的學生，生活在一個快速回應的時代中，需要長期

培養耐心。因為耐心會使得孩子，具備自我控制的能力。在新時代下，學生的問題五花八門，對老師來說，應該要有耐心，積極的去處理學生的問題。由於現在的學生壓力，已經不全是僅僅有課業壓力，隨著時代的變化，衍生出來的，尚有學生的人際關係。要處理這些壓力問題，首先學生必須認識到分數在未來不重要，懂得如何去找資料才重要。其次處理複雜的人際關係，必須要做到有效的溝通。

—35—
親師溝通

　　有效的溝通可以化危機為轉機。公元前 630 年，也就是
魯僖公 30 年，晉文公與秦穆公聯合攻打鄭國。當時鄭國大
夫佚之狐向鄭文公推薦燭之武去說服秦國退兵，結果燭之武
成功地說服秦穆公，不僅答應退兵而且還派兵協防鄭國，最

後晉文公只好退兵，鄭國得以保全，這就是「燭之武退秦師」的典故。

現在我們生活在一個步調很快的環境中，講究充分利用時間，並達成效率。所以有效的溝通，必須開門見山提出重點。因為別人已經沒有耐心聽完你全部的話，再去猜測你的意圖是什麼。其次，每個人都有他自己的觀點，想要得到別人的認同，就必須要說明清楚你的論點。比較好的辦法是：運用實際的例子或體驗來解釋，這樣才有說服力。接下來，可以從對方的角度出發，在對方提出反對意見之前，先行判斷他們可能會有的主張，並加以辯證，讓對方覺得你的意見可以被接受。最後在結束溝通之前，適當的重複主要論點，可以得到好的溝通效果。

學校的溝通主要在於親師生之間。對老師來說，班上有許多不一樣的家庭，就要用不一樣的溝通策略。現在的家庭很多元，老師必須了解學生的不同成長背景和個別差異，

並運用不同的策略去輔導學生。老師也必須先了解家長的限制，再建議家長要怎麼做。老師和家長溝通，不是為了要告訴家長你的孩子有多不好，而是要在溝通中，表達了願意協助孩子一起變好的善意。尤其是在親師生溝通時，多開放幾個解決問題的選項，這樣才有解決問題的可能。

就現實生活來說，有些老師為了暢通親師溝通的管道，提供了電話號碼給家長，結果招來了接不完的電話，老師成為家長傾訴的對象，也會影響到老師的生活。有些家長動不動就告狀到校長室及教育局，讓老師疲於應付。有些家長不願意帶疑似情緒障礙的孩子去鑑定，造成其他家長的反感，甚至揚言要轉班或轉學，都對老師造成很大的困擾。有經驗的老師雖然身經百戰，經驗豐富，但是每年所面對的狀況都有不同，都會是很大的挑戰。

—36—
親師衝突

　　家長最直接溝通的對象就是老師，和老師溝通的結果，不令家長滿意，才會向校長投訴，若學校沒有完善處理，就會訴諸民意代表。通常民意代表都會拿家長的投訴，向教育局長反應。教育局的做法，通常會先派督學和承辦人員到學

校了解狀況，再和校方溝通。家長的投訴，多和親師間的衝突有關。校長必須負起協調、緩衝、和仲裁的責任。如果校長抱持不採取作為的鴕鳥心態，只會讓親師間的衝突繼續存在。

現在的老師和過去的老師不同，過去的老師有光環、有尊嚴、有成就感；現在的老師常被檢討，甚至處於被敵視的境遇中。這就會造就了老師的防衛性格，一旦老師只想防衛並淡化事情的處理，親師間的對立就更加嚴重，也會影響到整個校園的文化與教育的品質。由於台灣教育的普及，新一代的父母普遍受過高等教育，對少子化下的子女教育，有比以前更高的期待。因此，老師必須靠著專業，贏得這一代知識水準較高的父母的信任。所以，教學專業和溝通技巧是老師最重要的基本能力，必須兩者兼備。

台北市教師會曾經對台北市的教師，做了憂鬱傾向的調查。有 48% 的教師，壓力負荷達到臨界點。其中老師最大的

壓力來源是：家長的態度。如果家長動不動就告老師，對老師的打擊就會很大。然而父母會出來投訴老師，有很多時候也是出於無奈。因為有些老師很難溝通，加上校長不作為，使得家長在學校求助無門。在校園裡缺乏溝通管道，投訴案件就會成為檯面化、新聞化。到這種境地，家長都會要求轉班或轉校，使得親師之間的關係，已經沒有信賴的基礎。

親師之間的衝突，其主要的原因，在於雙方的溝通能力之外，尚有諸多因素。校園民主化之後，老師開始注意自己的權益。老師開始注意自己的授課節數、責任範圍與隱私。家長把教育當作服務業，老師成為提供服務者，學生家長是出錢的消費者。因此付同樣的代價，就應該得到同樣的服務，不能接受自己的孩子低於其他孩子的待遇。除此之外，學校裡好的老師無法被激勵，不適任的老師難以被淘汰。中小學的學校的教評會只有一級，不像大學有 3 級，常常引起「師師相護」的質疑。

—37—
校長的調和

　　校長夾在衝突的親師之間，要調和雙方的爭執，溝通的技巧就很重要。秦始皇在統一六國之前，於公元前 237 年頒布了逐客令，要逐六國的客卿，出身楚國的客卿李斯為了免於被逐出秦國，就向秦王嬴政上了《諫逐客書》，李斯知道

秦王意在一統天下，於是他強調：「泰山不讓土壤，故能成其大，河海不擇細流，故能就其深。」秦王終究接受了李斯的上書，廢了逐客令。所以，校長介於親師之間，必須先了解各方要的是什麼。校長要隨時調整策略，引起各方的興趣和專注，才有說服和調解的機會。

溝通也可以用激勵的方式進行。1793 年法國大革命時期，拿破崙還是一名的年輕軍官，奉命在法國的土倫港一個危險的地方，設立一個砲兵連陣地。當時大家都不願意去，拿破崙就把那個炮兵連陣地命名為無懼砲兵連（La Batterie des Hommes sans Peur)，結果就不缺少志願者了。土倫之役是拿破崙的第一場勝仗，也是他輝煌戰功的開始。現在數位科技進入教室，老師要學習利用數位科技來教學，需要投入更多的時間和資源，讓一些老師猶豫不決是否採用數位教學。家長也都期盼自己小孩子的教室是數位教室，也會給老師帶來一些壓力，所以校長和家長跟老師溝通時，可以採用正向激勵的方式進行。其實數位化的教學能夠讓老師自我成

長，也會讓學生有學習動力。

溝通的最高境界是不與人衝突，不激怒對方，並達成自己所預期的目標。所謂「善為士者，不武；善戰者，不怒；善勝敵者，不與；善用人者，為之下。」要用不爭來達到我們爭取的目的。所以在學校中溝通時，要善於利用別人的力量，發揮個人的才智，不逞強鬥武，希望能達成問題的解決。

其實每一件事情都有正面，也有它的對立面。正如《老子》所說：「有無相生，難易相成，長短相形，高下相傾，音聲相和，前後相隨。」數位化的教學雖然可以驅動孩子的學習興趣，但是家長也會擔心對孩子的視力會造成不好的影響。家長也會擔心孩子使用數位載具，用於經營人際關係，比方說流連於社群網站，而不用於知識的學習上，或創意的工作上。因此，老師使用先進的數位化工具，如何提升孩子的學習力，與降低家長的疑慮，是一個重要的課題。

—38—
校園民主

　　校園民主化之後，老師表達意見的機會增多了，對校務關切的事項增加了，一方面可以制衡校長的權力，一方面也可以讓校長有更多的資訊，去判斷什麼政策是可以推動。立

意雖然良善，然而在現實中，校長的權力一再被限縮，愈來愈有責無權。相對地，老師的權力越來越大，透過教師團體發聲，造成對校長很大的壓力。先以大學來說，大學教授除了教學之外，最大的職責在研究型大學是努力做研究；在教學型大學，除了基本的教學研究之外，就是招生。因此，很多大學教授是沒有很充裕的時間去探討校務，相對的機會成本較大。我觀察到中小學教師和校長對立的案例相對較多，是因為中小學的教師很少做研究，很少發表論文，他們大部分的時間都用在教學的改進上面。如果他們不努力於精進教學，他們就有較為充裕的時間，去檢討學校的事務，自然會增加和校長衝突的機會。

我們可以設定一些假設，然後再以實際的資料去驗證這些假設是否為真。假設 1. 愈少參加教師專業成長，其抱怨學校事務的次數就越多。假設 2. 備課時間越少的老師，教學品質就會愈差，和家長衝突的機會就越多。假設 3. 排斥備、觀、

議課的老師，拒絕改變教學方法的機率就越高。假設 4. 有一定的教學年資，但沒有擔任行政工作的老師，批判學校事務的機會就越大。綜合來說，這些假設反映了老師有比較空閒的時間，行有餘力，就會增加對學校事務批判的機會。

校園民主化之後，老師的自主意識提高了，權力增加了，但是同樣地，學生的音量變大了，不尊師重道的案例也增加了。所以校長和老師、學生和家長的關係，就重新洗牌。校長要忍，老師也要忍，但學生和家長則可以不必忍。學生回嗆老師，家長投訴媒體，校長急於安撫，早已司空見慣。事實上，有很多問題的產生，是來自於家庭教育的不足，讓學生有恃無恐，逼得老師情緒失控，造成不當處罰，殊不知現在教育環境改變，學生將老師的處罰拍成影片，並傳到網路，公布上網，真是讓老師情何以堪？所以老師常墜入不服從管教學生的圈套中，而不自知。

除了學生讓老師頭痛之外，老師也會造成校長許多困

擾。有些老師會仗著資歷較深,結合不配合校長治校理念的老師,組織小團體,形成與校長的對立。有些老師甚至處處針對校長,記錄校長在校的時間,注意是否有公差或請假,注意學校的標案是否合法,注意營養午餐是否有問題,注意校長的特別費是否有濫用,這些老師不是投訴不斷,就是黑函滿天飛。當我剛接任大學校長時,我馬上接到對前一任校長投訴的黑函,黑函的字數和頁數,比一篇學術論文還多。我心裡正在納悶:為什麼他們不把這些時間拿去撰寫論文,提升學術並加以升等?後來發現這些老師都很難升等,其來有自。

—39—
校長遴選

　　現在對校長有一種說法就是：「有責無權、赤手空拳、委曲求全。」不僅如此，校長面臨另一個大挑戰就是：老師們都不太願意接任行政工作。由於兼任行政工作的待遇不高，責任又重，因此誘因很低。在軍公教年金改革之後，教

育人員大都選擇延後退休，也對師資培育系統產生了很大的影響。雖然現職校長困擾多、壓力大，然而還是有許多教育人員渴望成為校長。

　　台灣的校長遴選制度可說是一國兩制。高中及大學的校長遴選，只要有符合資格的人，就可以參加校長遴選。大學為了廣徵英才，資格可以不限於教育人員。國中及小學的校長遴選，又是另一種制度。國中小有候用校長考試制度，先通過筆試，再進行複試與儲訓，才能成為一名候用校長。至於候用校長是否一定得擔任校長？我們應該要從校長的派任是分發或是遴選來考量。我國的文官制度選拔文官是先經考試，再受訓分發派任，所以是官派的概念。遴選制度和官派不同，國中小的候用校長，取得的是參與校長遴選的資格，能否通過校長遴選是遴選委員會的票決，在制度上並不保證候用校長一定可以擔任校長，否則的話，遴選和官派有什麼不同？

校長遴選就是要替學校找到一位好校長。校長的遴選包括了現職校長的連任、轉任與調任、以及候用校長的新任。由於每個學校的特色不同，發展的重點也有差異，所以校長的工作也不盡相同。通常一個校長的主要工作內容是：批公文、主持召開校內各項會議議、接待一些訪客像社區人士及家長、參加研習或演講、辦理教育局委託的各項競賽活動和業務、及處理學校突發事件等。因此，為學校遴選校長時，並不一定要和校長所填選的志願畫上等號，而是要看他能不能為這所學校打造特色，並建立一個強調教學品質與和諧的校園文化。

　　校長是一個學校的領導者，必須知道學校中的每個人都會喜歡進步，但是沒有人會喜歡改變，這也說明了為什麼領導力是如此的困難。學校的進步是一場馬拉松，而不是一場衝刺。（It is a marathon, not a sprint.）校長必須認識到改變需要時間，因此要關注長遠的發展，也需要時間充電，為這

場馬拉松做最好的準備。1942 年夏天,納粹德國及其盟國向蘇聯南部史大林格勒發動進攻,參與該戰役的兵力為歷史上之最,雙方傷亡人數合計超過 2 百萬,也是歷史上最多。這場戰役進行約 200 天,是一場馬拉松式的戰役,城中的建築物被反覆地爭奪,蘇聯軍隊堅守史大林格勒,服從不准後退一步的命令,終於慘烈地獲得勝利。學校要改革、要進步終將需要代價,代價多高、時間多久,就要看領導者校長的智慧了。

—40—
校長的處境

　　在都會地區，一般學校校長的任期最長為八年，如果選擇不連任，一任滿四年之後，校長可以選擇異動。除此之外，校長也可以選擇第二任過半數任期的時候申請異動。換句話說，在正常的情況下，校長的任期達到四年或六年以上，就

可以申請調動。校長不申請連任有幾個原因：1. 有心目中更合適的學校出缺，2. 在服務的學校施展的空間有限，3. 考慮生活上的方便性，4. 為未來服務學校的選擇做規劃，5. 人地不宜，學校教師、行政同仁與家長都反對校長連任，使校長感受到極大的壓力。這些原因都會造成校長申請異動，並由遴選委員會決定了校長的動向。

　　一般來說，校長在任內只要不犯重大的疏失，通常遴選委員會都會同意校長連任或外調他校。依國民教育法第九條之規定，校長任期屆滿得回任教職，且不受教師法、教育人員任用條例，應經學校教師評審委員會審議相關規定之限制。實際上，在台灣中小學校長回任教師的例子屈指可數，不像大學校長在任期屆滿或不連任的情況下，回任教授已成常態。因此，有教師團體主張：地方教育行政主管機關應該增加候用校長甄選儲訓名額，落實校長評鑑制度，加速處理不適任校長問題，讓校長回任教師成為一種常態。

其實，校長的角色和定位，長期以來一直混淆不清。校長無權決定教師的聘任、待遇、及福利，可是校長卻變成雇主。校長對老師缺乏實質考核的權利，聘用教師又要經過教師評審委員會，校長成了沒有雇用權力、有名無實的雇主。校長的工作項目包羅萬象，舉凡親師溝通、公共關係、課程發展、政策推動、甚至假日還要配合民意代表或家長會的活動等，使得校長要超時工作，變成責任制的校長。校長推動校務，要符合學校教師、家長、和地方民意代表的期待和要求，壓力之大可想而知。

許多學校教師不明白校長的處境，但學校事務複雜多變，對校長處理校務的質疑，並沒有客觀地花時間去尋找問題的根源，並思考問題的解決，而一味的挑戰，並質疑校長。也有一些校長在治校時，推動了一些有爭議的政策，遭遇到教師及家長的反彈之後，仍然堅持己見，難以溝通，使得教師和家長向主管機關投訴，造成了很大的風波和困擾。校長

應該採取靈活溝通與不斷協商的方式，去爭取教師、家長、

和社區的認同與支持，成為個人領導與教育專業之典範。

—41—
直升機家長

　　校長和主任都出自於教師身分，理當了解教師的處境與需求。然而在現實中，校長與老師經常站在對立面，由於校長要執行主管機關的教育政策，很容易需要老師在教學以外

的時間投入，這樣就會遭到老師的抵制。站在老師的立場，行政應該支援教學，行政應該為教學服務，怎麼會是行政領導專業的教學呢？我們看到在各大學中，教授最大，教授治校。因為教授的專業無庸置疑，而且教授的專業化有高度的差異。但是我們看到在各個小學中，教師與校長對立的情況較為嚴重，主要的原因，一方面是小學個數較多；另一方面，小學教師和校長的專業，並沒有太大的差異，這也是小學採取包班制的主要原因。教師與校長的專業差異不大，加上校長不與時俱進，就會容易招致教師的批評。

目前台灣由於教育的普及，和教育水準與學歷的大幅提高，高學歷的家長比比皆是。因此，家長更關注教育，對教育興革的意見，更是大幅超越以往，並且家長介入校園的活動也越來越頻繁，成為教育現場的挑戰。有些家長為了要維護其所謂的正義，保障孩子的權益，不惜讓學校耗費更多的時間，來處理他們的提告。在現代的工商社會，很多家長一

大早就把孩子送到學校，扣除睡覺的時間，孩子在校的時間，比和父母相處的時間還長。多數家長認為孩子送到學校之後，學校就要負起生活、學習、和輔導的責任。然而問題在於：老師是教育專業人士，不是照顧孩子生活的媬姆；而父母不能當直升機家長（helicopter parents)，孩子一犯錯，就從孩子上方降落去拯救他們，家長要和老師維持良好的夥伴關係。

由於家長的大量參與校園事務，老師和校長的工作都是如履薄冰、戰戰兢兢。因為一些小問題，有可能會衍生成為一場難以解決的大災難。由於家長的素質參差不齊，帶給學校的困擾和難題，也大不相同。弱勢家庭的家長比較關心子女的生活和人際關係的問題，社會經濟地位較高的家長會比較關心孩子學習的問題。不管有何差異，父母總是關愛孩子。這就是所謂「父母之愛子，則為之計深遠。」在現實中，常常見到一廂情願地為孩子付出的父母，不問孩子的是非對

錯，也不能信賴學校的處理方式，造成老師和校長很大的困擾。

《戰國策》有云：「效小節者不能行大威，惡小恥者不能立榮名。」許多家長和老師若習於計較枝微末節的校務，而校長也對於帶給他的小小批評不能接受，這些對學校來說，對於校務的發展都會有一定的不利影響。尤其是有一些從家長和老師所提出的小事，處理不好，可能一發不可收拾。這就是：「積羽沈舟，群輕折軸，眾口鑠金。」再者，校園內也常會出現很多是非，因此，「無稽之言，不見之行，不聞之謀，君子慎之。」

—42—
校長的堅持

　　校長若要有創新的作為，就要讓學校改頭換面、脫胎換骨，學生學習力提升，雖然校內會有一些阻力，但是還要做對的事情，勇往直前，並成為辦學的典範。戰國時代的趙國

在武靈王在位時，推動胡服騎射，善用胡人裝束輕便，機動性強的優點，但此一政策遭到一些大臣們的反對，經他的堅持，並找到支持者，政策還是執行，並提升了趙國的戰力。因此，「有高世之功者，必負遺俗之累；有獨知之慮者，必被庶人之恐。」

校長要經由多年的歷練，從實務中吸取教訓，並累積經驗，順應時代潮流，勇於接受挑戰。我聽過有許多校長侃侃而談說明其治校理念，並希望爭取一些資源，讓我覺得他們是勇於任事，值得嘉許。我也參與各校對於課程地圖的說明報告，聽起來每個學校都有願景，做法上都很會講。這種情況，就像三國時代馬謖常和諸葛亮談論軍計，自晝達夜。劉備去逝前警告諸葛亮馬謖言過其實，不可大用。結果諸葛亮不聽，派馬謖統軍，在街亭一役，為魏將張部所敗。《三國演義》96回有孔明揮淚斬馬謖，但《三國志》卷39中，「謖下獄物故，亮為之流涕。」實際上馬謖是病死在獄中。所以

有很多校長光有許多想法，也很想做事，爭取了一些資源，只讓人看到學校的表面，但是對學校來說，最重要的就是它的內涵，也就是學校的核心競爭力，並反映在學生的學習力上。校長是不是言過其實，不可大用？我們很容易就可以從學生身上得到答案。

有些校長對於理想非常堅持，對自己本身也有非常高的自信。不做成本效益分析，也很難接納別人的意見。如果有一個學校只有 60 個學生，校長堅持要花 2 百萬元去整地做食農教育和魚菜共生，另一個方案是：全校六班的數位教室，加上每個學生都可以有自己的平板電腦，加上人手一部四軸飛行器，和 microbit。很多校長在做取捨時，主觀意識都很強烈，而且都非常堅持。堅持不是不好，我們要看堅持用在哪一方面。蘇格拉底出了一個作業給他的弟子們，每天要甩手 100 下。一個月後繼續做的人只有一半，一年以後，繼續做的人只有一個，那個人就是**柏拉圖**。

—43—
校長的人際關係

　　校長也不能完全以個人喜好，去推動校務發展。韓國
三星公司（Samsung）的 CEO 李健熙對汽車特別有偏好，決
定進軍汽車產業。結果，三星汽車剛剛投產一年之後，以失

敗做終，最後不得不廉價賣給雷諾汽車公司。很多校長都喜歡搞明顯而華麗的建設，創造舒適的校園空間。有些老師的辦公室空間狹小，設備老舊，可是校史室卻相對寬敞，富麗堂皇。因為校史室是招待外賓的地方，也是學校的門面和開會的場所，所以為校史室的裝修提供了很好的理由。偏鄉學校的孩子，普遍存在著學習落差。因此，校長應該以提升學生的學習力為第一優先。有時候校長服務的學校是小型的學校，校長卻提出要把現有的跑道改造，要花費上千萬元的代價，將學校的跑道高架化，殊不知同樣的金額，用在協助教學，可以獲得更大的效益。

校長和老師一樣，也有不適任的問題。為了處理不適任的老師，家長團體和教師團體的意見經常相左。家長團體希望校教評會的組成，教師的比重降低，這樣才能除去師師相護的疑慮。教師團體則認為在校教評會中，教師的比重降低，會讓具有專業的教師缺乏保障。然而在面臨校長是否適任的

問題時，有時候家長會站在校長這一方，因為家長希望校長能夠敦促老師精進教學。校長對老師要求較高，造成老師額外的負擔，容易形成老師的不滿，找尋校長的缺失，甚至向主管機關或民意代表投訴，或發動黑函攻擊，讓校長疲於奔命。

實際上，校長是否適任的爭議，首先就人際關係來說，常見於校長和校內教師及家長關係不佳，對社區也沒有辦法做好敦親睦鄰。其次就推動校務來說，校長不按照規律辦事，一意孤行，不採納老師的意見，不聽取家長的想法，不按照制度運作，這些狀況都會造成校長的危機。校長若不能妥善處理危機，學校老師或家長向民意代表投訴，或訴諸媒體，則一發不可收拾。與教師的處理不同，校長有不適任的爭議，會交由校長成績考核委員會去處理。一般而言，校長有任期保障的制度，除非有重大違法事實，校長成績考核委員會通常會做出適當的處分。

校長要在學校的領導位置上獲得成功，最重要的因素就是：良好的與人共事的能力。Robert W. Woodruff 將可口可樂由區域性的小規模飲料製造商，成功轉型為全球性的大企業。他認為：人生就像一項銷售工作。成功或失敗大部分取決於：我們如何能讓他人相信我們的能力，以及我們能夠提供什麼東西。然而在現實生活中，我們看到的人際關係卻是：相互批評、相互指責、和相互抱怨。要做到不批評、不指責、和不抱怨是多麼的困難。

1863 年 7 月美國南北戰爭的蓋茨堡戰役（Battle of Gettysburg)，南軍在戰事失利後，向南撤退到波托馬克河，當時河水暴漲無法渡河，林肯總統命令北軍統帥 George G.Meade 向南軍指揮官 Robert E. Lee 發動進攻，可是北軍卻遲遲沒有動作，使林肯震怒至極，他寫了一封信給 Meade 將軍，信中說：「希望你會成功是不明智的，我也不希望你現在能做的更好。失去了良機我深感遺憾。」這封信是在林肯

去世後，從他的文件中發現的。林肯並沒有把信寄出，也許他知道尖銳的批評和苛責，永遠不會有效果，並會產生一道難以彌補的裂痕。所以一個愚蠢的校長老是抱怨、批評、責備別人、並追查投訴或告狀的來源。

—44—
校長的連任與轉任

　　校長在任內需要維持良好的與人共事能力，但在任期屆滿，需要異動轉任其他學校的校長，又要重新營造新的人際關係。在校長任滿的那個學期，尤其是校長遴選結果公布時，

校長就會跛腳。校長知道要轉任新的學校，焦點就會轉移到即將就任的學校。與此同時，學校的老師知道校長要轉任，配合校長的積極度也就會下降。因此，在這一段期間校長比較難有作為。

校長轉任到新的學校，可以打破既有的校園文化。然而長期以來，校園的氛圍都受到資深老師的影響。有一位校長從中小型的學校，轉任到大型的學校，就充分感受到氛圍的差異。通常大型的學校，都是在人口稠密的都會區，師資的流動性也相對較低，若要進行制度變革，因為老師們習於既定的模式，要改變也就相對的不容易。這位滿懷雄心壯志的校長，到校之後不久，為了激勵老師的積極性，就提出了特殊的教師計點辦法。老師有了特別的貢獻，就給予特別的點數，可以累積點數，作為將來優先編班排課的依據。校長的構想，引起了老師很大的反彈，甚至有老師發動連署反對校長的主張。校長很無奈地收集了連署書，終究放棄了原先的

想法。

　　有些校長則是轉任到新校之後，並不能蕭規曹隨。尤其是前任校長規劃的工程尚未完工，便利用機會變更設計，以便能滿足其需求。於是工程經費一再追加，工期一再延長，讓主管機關承擔更大的代價。有些校長則是藉著採購和工程之際，大量增加所需經費，不但引起政風單位的注意，也給主管機關帶來了警惕將其列為黑名單。學校由於有採購和工程，校長就會變成廠商所欲接觸的對象。所以校長和學校的採購人員，更應該要熟悉政府採購法，並拒絕廠商的誘惑。

　　至於留校連任的校長，在第二任時，對學校也就比較能夠了解，而人際關係也會處理得不錯。因此，第二任的校長比較知道應該怎麼樣去治理學校、和帶領學校。所以教育是需要較長的時間，才能夠觀察到對學校所產生的改變。改變最大的推手，就是來自於校長。通常第二任的校長，多數都會在任期屆滿之前，就申請異動。他們都會注意有哪些學校

即將出缺，也會判斷他們所填寫的志願序，是否會對他們在
遴選過程中居於有利的地位。

—45—
成本效能

　　校 長 治 理 學 校 時 ， 可 以 利 用 成 本 效 能 （cost

effectiveness）分析。比方說，校長希望提高學生的閱讀能力，

於是擬定計劃，向教育局申請補助圖書經費 280 萬。當我接到這個申請案的時候，我愣了一下。購書的內容大部分為繪本，而且需要重複很多套。這所學校的學生大約 650 人，如果這個計劃核可，就表示每生可以分配到的購書經費，超過 4300 元。如果我們的目標是在提高學生的閱讀能力，是否可以找到其他的方法，達到相同的目標，而又使經費相對較低？

很多校長在爭取經費的時候，盡可能地將需求擴大，申請的經費拉高，以期能獲取更多的資源。然而行政主管機關的幕僚或承辦人員，多會站在從嚴審核的觀點，進行嚴格的審查，以便讓經費得到最合理的運用。這些幕僚或承辦人員，他們善盡職責，但是常常遭受到校長們的抱怨。如果幕僚人員評估一個計劃 200 萬可以做到，校長申請了 400 萬，我就會對這個校長特別留意，何以差距為什麼會這麼大？

校長間的同儕效應（peer effect）不可小覷。在當校長之

前，有先參加讀書會，通過甄試、儲訓、實習等各個不同階段，也都有形成期別意識的同儕群體。同儕之間更容易形成相互競爭的氛圍，同時也更容易形成相互交流、相互扶持、和相互影響。我在推動智慧學校、數位學堂的時候，年紀相近、背景相似的同儕校長，接受的程度大致雷同，也比較容易形成既競爭又合作。因此，智慧學校、數位學堂計劃，透過同儕效應，實現的情況比預期來得快。

其實我在推動智慧學校、數位學堂時，就借鏡了日本東芝（Toshiba）重擔子主義的用人哲學。土光敏夫擔任日本東芝株式會社社長時，要求員工人人可以挑重擔。一個人可以拿起 100 斤，就交給他 120 斤的擔子，以激發其潛力的展現。所以我指定了幾所學校之後，就會常常關心進度，雖然給學校的負擔加大了，但也讓校長努力克服困難、歷經飽受磨練的環境，並能夠承接重責大任。一個沒有理想與目標的校長，在思想上，往往偏向保守；在行動上，往往維持現狀。所以，

墨守成規、四平八穩、優柔寡斷、畏首畏尾，不是優秀校長

的氣質。

校長的特質

　　校長是學校的重心所在。校長的人格特質、視野和願景、教育的價值觀、和校長的領導行為，都會嚴重影響到校內的運作和教學，也會影響到老師的教學熱忱和學生的

學習成果。校長到一個新的學校，都想建立自己個人的領導威信和展現個人的能力。然而，實際效果和原先期望都有很大的出入。校長新到一個學校，首要的任務就是獻身（commitment)，必須要經常在學校，處理每天在學校發生的大小事務。校長必須要有良好的溝通技巧和樂意與人親近（approachable) 的特質，也能鼓勵及激發教職員工的積極性。新的學校，新的環境，新的人際關係，家長、老師及學生都會看新來的校長。

我到許多小學，和校長一起走在校園裡，學生很熱情的稱呼校長好，一方面顯示了學生的禮儀教得好，一方面顯示了校長是容易親近的。小學生對校長最熱情，其次為國中生，高中生則最為冷漠。所以一個令人親近的小學校長，對小學生推行品德教育，比較容易成功。因為學生喜歡校長、尊敬校長，校長講的話自然可信，也比較有用。所以校長不能一直關在校長室裡，要多關注學生，要多接觸學生、要多了解

學生。

　　校長不僅走入學生當中，更要積極走到老師群中，走進課堂教室，對教學研究也要情有獨鍾。校長也要不斷自我檢討、自我反思。有的校長自視甚高、自以為是，看不到自己的不足缺點，也聽不進別人的批評，對於是非功過並不在意。這一類型的校長，容易和老師及家長衝突對立。當校長和老師及家長對立衝突升高，會嚴重影響到校務的推動和教學的進行，也會影響到學生的心靈。這個時候，家長和老師會向主管機關投訴，於是督學就會到學校了解實況，並嘗試協調雙方降低衝突，若衝突仍難以解決，加以對校長有不利事證，就會交由校長成績考核委員會去評議。

—47—
校園政治

　　我唸小學時，那個時候是威權時代，校長的權力很大，學校的老師都很怕校長，學校的家長都要巴結老師。我到現在還清楚記得我的班導師痛哭流涕的畫面，等我擔任局長之後，我也曾經遭遇過幾位校長在我面前掩面啜泣。老師的

職務在過去比較風光，除了要維持和校長比較良好的關係之外，其他不需太過操心，可以嚴格管教學生，家長又會逢迎巴結。現在的老師經常面對學生不同的狀況，加以社會環境變遷，學生變得很難管教，家長又會經常投訴老師，使得老師的工作身心俱疲。在校園民主化之後，校長變得更加難為，校長的威權消失了，緊接而來的是：老師的指控、家長的投訴、和沒有得標廠商的控告。

教育這個行業正在持續轉變，社會變遷、科技進步、制度變革、角色變化等都在影響我們的教育發展。由於社會開放，各種勢力進入校園，也對教育產生了相當程度的影響。和教育有關的利益團體，隨著時代的進步，也不斷地形成。教師有教師會及教師產業工會；校長有校長協會；家長有家長會及家長會長協會；這些組織除了地方層級之外，還有全國性的組織。除此之外，尚有一些和教育事務有關的聯盟和基金會，也扮演非常重要的角色。

　　和教育有關的利益團體，經常向政府提出訴求，也會影響到教育政策。例如反對體罰、維護人權的團體，會要求政府推出零體罰的政策；家長團體要求政府積極處理不適任教師；校長及教師團體則要求減輕行政負擔。由於不同的利益團體有不同的主張，對教育的看法也不盡相同，也會造成衝突和對立。家長團體主張訂定嚴格的不適任教師的淘汰機制，為避免師師相護，主張教師代表在校教評會的比重要下降。教師團體則認為教師有一定的專業，因此教師代表的比率不宜調降，雙方的主張形成了對立衝突，並造成了在公共政策上的拔河。

　　除了利益團體之外，在民主時代，不可避免地，政治力量也進入了校園。由於政府機關受到民意代表的監督，校園內的許多事務，自然而然的就會向民意代表反應。民意代表基於為選民服務的立場，會將反應事項回饋給學校或教育主管機關。和教育有關的事務，除了向民意代表反應之外，另

外的一個管道就是向媒體投訴。一旦見諸媒體，爭議就會越演越烈，政府在處理上就必須更加謹慎。

—48—
家長的影響

　　民主時代意見多元是正常的現象。意見雖有不同，若能

理性對話，暢通溝通管道，便有助於問題之解決。然而許多

教育事務的爭議，通常爭議各方都會堅持己見，尤其是國內

相關團體愈來愈多，不管是地方或全國的教師、校長、或家

長團體，以及各種民間基金會或協會等利益團體對教育政策的影響力，有越來越增加的趨勢。因此，各自的主張也更加多元，整合著實不易，最終只有透過政治途徑解決。

各種利益團體或個人涉入教育的面向非常多元，除了影響國家的教育政策與教育制度之外，也會影響到學校。舉例來說，幼兒園的抽籤入學、總量管制學校的就讀、教科書的選用、各種採購和營繕工程的招標、學校人事的安排等等，都可以看到遊說和關說的現象，也給學校帶來壓力和困擾。遊說，是企圖影響法令政策或議案；關說，則是企圖影響機關業務之決定或執行。對學校來說，校長必須要有法治觀念和高度的藝術，去處理這些各方角力的棘手問題。

其實有很多的教育問題，其源頭都來自於家長。家庭教育功能不彰，家長無心教育子女，把教養問題交由學校處理。或由於家庭結構不健全、家庭經濟弱勢，子女無法得到充足的教育資源，加以學習意願低落，形成許多問題學生，也造

成了學校及教育主管機關的困擾。另外一方面,與此相反的是:許多家長非常關切子女在校的學習,和同學相處的人際關係。由於少子化的關係,家長對子女更加呵護,更加重視子女在校的表現和權益,也會產生許多問題和糾紛。所以,家長對教育要有正確的認知,也要深刻了解並發揮家庭教育的正向功能,並和學校充分合作,才能解決一些令人困擾的教育問題。

我到過高山上的偏遠學校,有一次在放學時,校長集合了學生,唱完了校歌,學生就依路隊放學回家。這個學校有很多學生是單親或隔代教養,很多父母都在山下工作,收入微薄。有些學生還要把學校剩下的營養午餐帶回家中,因為他們的祖父母收入有限。這種弱勢隔代教養的家庭所出身的學生,基本上在學習表現也相對低落。等到他們升上國中,更容易出現中輟,帶來許多不僅是教育還有社會的問題。

—49—
翻轉弱勢學生

　　教育理當增加人力資本，促進社會和階級流動，對於弱勢的學生來說，教育可以翻轉他們的命運，尤其重要。因此，弱勢學生更需要政府給予更多的關注，以消除知識獲得，與教育資源上的落差。值得注意的是：社經地位不利的家庭子女，就讀私校的比例較多，需要付出比公立學校還要高出兩

倍以上的學雜費，因此需要依賴打工及就學貸款來籌措生活費用，無法專心就學，也會影響到日後的學習成就。

雖然每個時代都有階級世襲、富者愈富、貧者愈貧的情況；然而階級流動的情況，也一直存在。封建王朝的科舉制度，可以使窮書生一舉成名天下知，促成階級向上流動。處在今日的時代，取得知識的代價和門檻，由於科技的進步而大幅降低。由於數位科技的大幅躍升、網路世界的發達、知識的取得容易、數位載具的多元，使我們進入到了全民學習的時代。由於人人可以自學，教育就不限在學校完成，教育更容易成為弱勢孩子翻身的希望。

美國知名脫口秀的主持人歐普拉（Oprah Winfrey），出生於美國南方密西西比州的弱勢的黑人家庭，母親是未婚的少女。6歲時移居美國北方的威斯康辛州，8歲後又遷到南方的田納西州，可見她的童年時代歷經幾次的大遷徙，早期的生活是典型的弱勢黑人的翻版，14歲懷孕生子，生活困頓，

直到升上高中才有改善。17 歲贏得田納西黑人選美冠軍，也在該地廣播電台 WVOL 兼職新聞工作。後來田納西州立大學更給予她全額獎學金。在學期間也開啓了她的廣播生涯，並且獲得很大的成功。她是 Hapro Productions 的董事長兼 CEO，製作了許多非常成功的電視節目，也是很有影響力的媒體。歐普拉也曾榮登時代雜誌百大影響人物，她也對哈佛大學能頒授榮譽博士學位給她心存感激。2014 年她在哈佛大學畢業典禮上的致詞說：「沒有幾個密西西比鄉下的女孩，能一路到麻州劍橋所在地的哈佛大學。」歐普拉可說是弱勢孩子透過教育，成功翻身的典範。

—50—
利益團體的介入

　　教育雖然可以改變弱勢孩子的命運，但是弱勢家庭的孩子，卻往往因為家長忽視教育的功能，發展受限。有很多民間團體自發性的對弱勢家庭的孩子伸出了援手，為社會注入了一股暖流。雖然短期注入的資源產生了一些效果，但是長期來說，對弱勢學生的協助，還是要靠政府的力量才能完成。

雖然社會中有許多和教育有關的民間團體或社團，有的是關心弱勢學生的生活，有的是關心弱勢學生的學習，有的是關心弱勢學生的身心發展和權益，這些團體對於教育政策也起了一定程度的作用。

在民主社會中，利益團體的形成，通常對政策的決定有一定程度的影響。因為個人很難藉一己之力去影響政府的政策，因此，有組織化的社會集體行動，才能形成一股較大的抗衡力量，成為影響政府政策的動力。然而各種利益團體之間，由於期望的目標不一致，關注的焦點不同，主張也有差異。甚至不同的利益團體之間，為了同一的議題，立場相左，而爭執不休。例如對於不適任老師的處理，家長團體和教師團體之間的看法，就有很大的差異。各種利益團體也會經由策略的考量，而有不同的運作方式，以企圖達成他們所期待的目標。

有一所學校的校長，由於個人的領導風格，造成校內有

些老師不認同。恰巧由於學校有些社團的招生人數不足，以致需要多收一些費用才能確保社團活動的進行。由於缺乏溝通，致使繳費的家長產生疑問，加以畢業典禮改在多數家長不能出席的下午時段進行，家長提出抗議，而校長又關閉了溝通的管道，引起了家長不滿情緒的反彈，終究演變成要求校長下台的主張。由於該校長剛剛通過校長連任的遴選，便給予了反對派的教師有批判遴選制度的機會。教師團體期望家長團體能夠連署支持共同要求校長下台，並重新檢討校長遴選制度。由於各方各有盤算，使得事情的演變更加複雜。

值得慶幸的是：該校家長會的成員多具有高知識水準，發表了家長會只在乎學生的受教權，不會干涉學校校務的聲明。並拒絕教師會或其他任何團體，以他們的名義召開記者會或發表聲明。利益團體參與教育事務，不能扭曲教育的正向功能，也不能造成過高的社會成本。其實教育界的爭議案件，有許多是訊息不對稱，或訊息缺乏、溝通不良所引起。

如果利益團體再介入，會讓事情的演變更加複雜也更難處
理。

—51—
利益團體的影響

　　教育事務本應單純，然而在民主和多元化的社會下，不當的干預，對教育造成了扭曲。由於壓力團體透過對立法部門的遊說，嚴重影響了政府的決策，使資源配置不當。過去為了舒緩升大學的壓力，廣設大學的結果，讓教育品質下降，也讓大學供給過多，使得許多私立學校招生困難，面臨倒閉。

壓力團體也迫使政府開放私立學校能夠免除法令限制，以考試的方式招生入學。使得私立的中小學得以招收精英的學生，升學壓力並沒有減緩。

再舉教師所組成的壓力團體為例，教師為了維護自己的權益，可以組織教師會或教師產業工會。如果教師視同勞動者，那麼雇用者就是學校，代表人就是校長。若從這個角度看，校長和教師就成了雇主和受僱者的關係。實際上，老師的聘書也是由校長具名頒發。一般而言，只要老師沒有什麼大錯，都可以繼續聘任，中小學的老師不像大學教授那樣，研究成果不好，沒有在期限內升等，就要面臨解聘。除此之外，大學教授還得面對學生的教學評鑑，所以大學教授會花很多的時間，在教學的精進以及研究的提升上。除非很有正義感及熱情，很少會投入在壓力團體的事物上面。中小學老師也相類似，注重教學研究和教師專業自我成長，將會佔據他們大多數的時間，很難行有餘力去積極投入團體事務。所以加入壓力團體或利益團體的老師，他們會花一些時間在團

體事務上，或多或少會影響到教學，我們研究教師團體的成員，其組成有的是意見領袖、有的是見義勇為、有的是在校不得志、有的是想加入團體取暖者，可說是形形色色。

我觀察到在中小學爭議最大的老師類別，就是非學科的老師，以體育、藝文專長的老師或教練為最多。也許是他們不需要太多的備課時間，又和學生有近身接觸的機會，容易衍生許多問題。記得以前我在經濟系任教的時候，系上在排課時，有老師開玩笑的說他要排系上的體育課，因為上課時只要學生跑操場後打打球，或走政大後山一圈就可以下課了，多麼的輕鬆愉快。由此可見，主要學科的老師是多麼羨慕要當體育老師。實際上體育課不應該只有運動而已，體育課也應該要教導學生運動傷害防護，增加一些知識性和學理性的授課。

美國前奧克拉荷馬州州長 Brad Henry 說：「一個好的老師可以讓學生產生希望，點燃學生的想像力，並注入

熱 愛 學 習 。」（A good teacher can inspire hope, ignite the imagination, and instill a love of learning.）印度前總統 A.P.J. Abdul Kalam 則説：「教學是一個非常尊貴的職業，它可以塑造個人的人格、才幹和未來。」(Teaching is a very noble profession that shapes the character, caliber,and future of an individual.) 老師的主要責任在於啟發學生、教導學生、關愛學生、和照顧學生。所以老師是責任制，責任的對象就是學生，老師不應該把自己當作勞動者，不要在爭取自己權益的時候，忽略了學生、犧牲了學生。所以寒暑假時，學校沒有學生，老師自然不必到校，仍然可以以用各種方式，為提升教學、啟發學生做準備。

—52—
改造學生

　　如果政府把中小學的老師當作是公務員，而老師把自己當作是勞動者，就不能展現恢弘氣度的大格局。全球首富亞馬遜的創辦人 Jeff Bezos 說：「人生苦短，不要浪費時間

在和沒有資源的人周旋。」（Life's too short to hang out with people who aren't resourceful.) Bezos 經營亞馬遜的哲學，就是把顧客放在核心的地位，他認為口碑（word-of-mouth）影響力非常大。因此老師的最重要任務就是要教好學生，啟發和開導學生，並贏得好口碑，得到家長的認同和支持。而校長的主要責任，在於確保學生能夠得到良好的教學環境和教學品質，並且順利推動校務行政。政府更有義務去推動具有正向激勵誘因的教育制度，由於教育是殊價財（merit goods)，具有正的外部性，更應投入更多的資源，提高生產力和促進經濟成長。

現在的老師常常碰到一些問題學生，會非常困擾和失去耐性，並造成管教問題。美國有一位傳奇黑人女教師 Marva Collins，成功地用特別的方法來改造學生。當學生不守規矩時，她的懲罰是：讓他們寫 100 個原因，說明他們自己為什麼棒到要做那樣的事情，而且要按照 ABC 的字母順序來寫。

例如：我很可愛（adorable)，我很漂亮（beautiful)，我很勇敢（courageous) ，一直寫到最後一個字母。如果再犯的話，不能用原來的詞，必須換另外的同義詞。這種方式對問題學生來說，挑戰很大。美國 CBS《60 分鐘》的電視節目也對她特別加以報導，美國兩位總統雷根及布希都曾經邀請她出任教育部長，但都被她謝絕。她的熱愛教學，可以成為教師們的典範。

當前我們的社會複雜而多元，尤其許多不正常家庭背景下的孩子，容易中輟、加入幫派、吸毒與犯罪結伴到死，他們不喜歡學習，逃避學校。有很多老師對這些問題學生束手無策，教學的熱情也隨之熄滅。Marva Collins 用逆向的方式進行品格教育，用文學故事來訓練閱讀和表達能力，這種特殊的教育方法也招來批評，她就辭去教職，在芝加哥自家開辦一所學校，收容智力有問題、學習有障礙、心理有疾病的學生，成功地幫孩子翻轉人生。這類型的老師不可多得，我們應該努力尋找這些能在黑暗中發光發亮的老師。

—53—
師生接觸

　　我們也看到了在現代社會中，仍然有許多熱血熱情並關愛學生的老師，他們付出的愛心更甚於家長。我去主持國中英語單字競賽的開幕式，看到了現場來陪伴孩子的是老師，而不是他們的父母。這些老師犧牲了假期，無怨無悔，只希

望孩子有更好的表現。在當前的社會中，有些家庭的功能已經被老師所取代，這也是在現代的工商社會中，有很多父母把教育的責任托付給老師。尤其是體育類的老師或教練，他們除了教育的任務之外，還扮演照顧學生生活的責任。為了學生選手有更好的表現，接觸學生的時間也更長，也容易有肢體接觸，許多性別平等案件的問題，因而發生。

性別平等問題除了性騷擾、性侵害、性霸凌之外，兩性平權、性別認同，都是學校性別平等教育的主要內容。由於時代的進步，兩性的問題在校園中，層出不窮。我記得以前唸小學時，兩個學生共用一張桌子，如果旁邊是異性，桌子的中間就要劃一條線，作為楚河與漢界，兩性的關係是相對保守的。現在教室的設計，在小學多是個人桌椅，也可以拼裝成小組上課，其方式生動活潑，所以男女合班上課，不會像以前那麼靦腆，而是相對比較自然。

隨著時代的發展，性平問題在校園中，引起較以往更大

的關注。性平問題不僅存在於學生之間，也發現於師生之間，連老師與老師之間也可以看到。兩性問題之所以難處理，主要的是：問題的產生，至少有一方會不舒服或受到傷害。因此，如何對受害者給予適當的心理輔導或精神補償，對加害者給予制裁和開導，確實不易。對受害者來說，性平問題通常羞於啟齒；對加害者來說，調查要充分，證據要齊全，法定程序要完備，才能將其制裁。現在的社會和以前不同，現在由於大家的自主意識提高，加以性平案要在 24 小時內通報，因此校園內的兩性問題，紛紛浮出檯面。

─54─

性別議題

　　性平問題複雜而多元，傳統對於性別的刻板印象，也受到了挑戰。著名的時裝設計師 Jason Wu 吳季剛從小喜歡芭比娃娃，喜歡收藏芭比娃娃，並為娃娃縫製美麗的衣服。吳媽媽考量到台灣保守的教育環境，便在他九歲時帶他到加拿

大求學，並請服裝設計師來教他。家裡的地下室變成了他的工作室，讓他有了充分發揮的機會。吳季剛在 17 歲時，參加芭比娃娃服裝設計獲獎。隔年就成立了 Fashion Royalty 時尚娃娃品牌，並擔任創意總監。美國總統夫人蜜雪兒歐巴馬和馬英九總統夫人周美青，都在重大的公開場合穿過他所設計的衣服。吳媽媽的教養，顛覆了傳統的刻板印象，需要勇氣和堅持，也需要不畏外界異樣的眼光。

社會大眾常常因性別的不同，發展出不同的認知，對不同的性別產生了刻板而僵化的印象。校園中「娘娘腔」和「男人婆」是同學間取笑的對象，會壓抑個人的本身特質和未來的發展。如何打破性別迷思和傳統文化上的挑戰，讓孩子能夠適性的發展，也是一個重要的教育課題。另外一方面，透過法令制度的修正及性別權益的促進與改善，可以逐步減少性別歧視，並跳脫性別差異，擺脫性別不平等的束縛。

傳統的男尊女卑也出現在教育上。自古以來，教育多為

男性服務。科舉取士的制度多以男性為主，因此在一個家庭中，讀書的機會優先給予了男性。一直到了近代，各國政府開始推動義務教育，因此在教育領域中，男女教育機會的差距，也就逐步縮小。早期的台灣，女性在完成國民義務教育之後，很少升學；到了二次世界大戰之後，女性的升學才有明顯的增加，到台灣經濟發展之後，女留學生也開始增長。由於留學生逢適婚年紀，很多留學生的太太犧牲了就學，全心投入照顧先生和小孩。近年來由於觀念的改變，留學生夫婦倆都在就學的情況越來越普遍。

早期台灣的大學教授以男性為主，其主要原因是獲得最高學位的，以男性居多。隨著女性取得博士學位的情況大幅增加，大學中任教的女性教授越來越多，參與校務的機會越來越大，對高等教育的影響也越來越深。不僅如此，女性在接受完教育之後，參加各級公務人員考試，使得在政府部門和各機關學校，女性的從業人員大幅增加，和過去相比，實在差很大。

—55—
特殊教育

　　目前在教育現場，除了越來越多元與越來越高漲的性別意識之外，我們也面臨越來越多的特殊教育學生需要服務。早期政府對特殊教育學生的服務，著重在視力障礙與聽覺障礙，因此建立了啟明學校和啓聰學校。後來特殊教育的服務

範圍又加以擴大，包含了肢體障礙、腦性麻痺障礙、情緒行為障礙、智能障礙、學習障礙、自閉障礙、發展遲緩功能障礙、多重功能障礙、認知障礙、及其他障礙等等，這些都是當前特殊教育所要面臨的挑戰。

目前我們的特殊教育學生大概可分為下列四類：1. 資優，2. 認知功能障礙，3. 情緒行為障礙，4. 身體感官障礙。目前對於特殊需求的學生，整個教育過程包含了：鑑別、診斷、安置、教學及評鑑。從幼兒園到高中職，都會因應不同特殊教育學生的需求，給予不同的特殊教育內涵。不過特殊教育的理念是在於提供最少限制的環境，來安置特教學生，儘可能不要把他們從普通班、家庭和社區中隔離，輔以個別化教育和完善的轉銜機制，以便讓他們繼續升學或就業。

美國在 1985 年提出了「普通教育創新方案」（Regular Education Initiative)，強調在特殊教育與普通教育之間，必須有共同分擔的責任，這也就是融合教育的理念。但是融合教育也面臨了一些阻力：普通班的教師特殊教育專業缺乏，

尤其是面對情緒障礙或學習障礙的學生，情緒管理成為非常嚴重的挑戰，因此，普通教育與特殊教育的合作基礎有待建立。另外，家長會過度保護孩子，他們認為把孩子放在普通班沒有安全感。由於聯合國在 1993 年通過「障礙者機會均等實施準則」，主張只有在普通學校體系，無法滿足身心障礙者的特殊需求時，才考慮提供特殊教育。因此在當前，針對特殊教育的問題，老師要和專業人員包括心理學家、諮商師、物理治療師及社會學家等共同合作，才能適當的解決問題。

　　在特教學生中，比較特別的是學習障礙，從外表很難看出，但人數有越來越多的趨勢。有很多的名人都是學習障礙，發明大王 Thomas Edison ，美國第 28 任總統 Woodrow Wilson ，好萊塢演員 Tom Cruise ，台灣的歌手蕭敬騰，若不是他們親口說出，實在很難相信他們曾經在學習上受過挫折。他們的困難可以經由特殊教育的協助，取得他人的了解和尊重和環境的配合與接納，才能夠發揮潛力得到成功。

—56—
不適任

　　特教和弱勢的學生最怕被貼標籤，標籤一旦被貼上，就很難擺脫。雖然我們對弱勢和特殊教育的學生給予較多的資源，但是也要顧及他們的自尊和培養他們的自信。同樣地，

老師和校長也怕被貼標籤。教育界最怕被貼「不適任」這三個字的標籤。以當前的環境氛圍來說，家長團體非常積極地表達對不適任教育人員的關切，希望教育部能夠好好處理不適任教育人員的問題。不適任教育人員的問題，主要反映在教師與校長身上。

對教師來說，通常只要發生體罰、霸凌、性平問題，只要事證明確，校教評會在界定不適任教師不會有太大的困難。但是教學不力，在認定上就會有一些困難，也常常衍生一些爭議。由於認定為不適任教師涉及教師的工作權，因此，在處理上必須明察秋毫，完成應該有的正當程序，不適任的問題，才能夠得到完善的解決。由於人與人之間，關係原本錯綜複雜，也容易產生對立衝突，加以宿怨問題的催化，益發不可收拾。

有關不適任教育人員，以校長、教師及運動教練居多。在處理上除了釐清事實，要明察秋毫之外，更要注意錯綜複

雜的人際關係。以運動教練來說，學生及家長在意的是能夠上場有表現的機會，而這個決定權是掌握在教練的手中。因此，教練在體罰或霸凌時，學生及家長都會隱忍下來。如果沒有進一步去探究內情，就會像三國時期魏曹植《與吳季重書》所說：「自以為明察秋毫，而實則助小人張目。」。

我統計不適任的教育人員中，以代理代課的老師及運動教練居多。他們構成了不適任教育人員的原因之後，校方的處理消極，有心人士就會投訴媒體，經由媒體的大幅報導，給學校帶來了很大的壓力，甚至監察機關也會出面參與調查。一般說來，體罰、霸凌及性平問題，比較能夠公正客觀地處理。最難處理的就是校長的不適任問題。校長可能辦學嚴謹、績效良好，但面臨和社區或地方民代的互動，由於立場不一，衍生許多對立衝突。加上校內反對校長的老師或家長的煽風點火，大眾傳播媒體的助燃，導致校長難以力挽狂瀾，造成人地不宜、危及校園安定的現象。

—57—
無怨無悔

　　雖然在教育界中有許多不適任教師和校長的案例，但有更多的教育人員不辭辛勞、不計得失，忍人所不能忍，容人所不能容，處人所不能處，行人所不能行。有些熱血老師在假日還陪學生參加各種競賽活動或考試，很多都是出自於內

心，自願付出不求回報，而不像有一些老師會斤斤計較自己的權益，需要補貼或補休才願意付出。學校是一個大家庭，校長、教職員和學生都是家人。我在美國碩士畢業後，申請到博士班入學，去報到時，先到系主任那裡，和系主任談完之後，他便帶我去找負責研究生事務的教授，在走廊上看到有一位穿著Ｔ恤和牛仔短褲的人，在拆卸飲水機的濾芯要沖洗，系主任說就是他。當時讓我非常的震撼，他把學校當作自己的家，無怨無悔的付出，並不求任何的回報。

我當了局長之後，接觸了無數的校長，也表達了對校長的期待。很多校長害怕改變，不敢接受挑戰。通常校長要面對四種障礙：第一種障礙是積習難改。因為大家都習以為常，學校都一直運作良好，為什麼要改變現狀？第二種障礙是資源的限制。會讓人誤以為需要動用很多資源，才能執行交付的工作。第三種障礙是欠缺動機。沒有充足誘因，教職員工士氣低落，意興闌珊。第四種障礙是政治角力。校內不同的

小團體，會因不同的利益而抵制。學校要進步，就要克服這些障礙，推動藍海策略。

新的時代，學校需要新的改變。然而我們傳統的思維會認為：改變越大，投入的時間和資源會越多，才能收到效果。但是在新的時代，必須採用新的思維，校長必須顛覆傳統的想法，啟動引爆點領導（tipping point leadership)。只要學校裏持有相同信念的成員數量達到某個臨界點，他們所累積的能量就會引爆，去推動某個構想，迅速改變了學校的組織文化。所以學校在克服重大挑戰時，不在於投入大量的時間和資源，才能獲得預期的成效，而是要在學校內，找出發揮牽一髮而動全身的槓桿因素。

—58—
魚缸管理法

　　2019 年 6 月，桃園市在國際智慧城市論壇（ICF）於紐約召開的全球高峰會中，擊敗美國芝加哥，奪得全球智慧城市第一名。在詢答的過程中，主持人問到桃園市如何去建置那麼多 3000 多間的智慧教室，我的回答是：一開始我們在建置數位教室時，不可避免地也面臨了挫折。因為老師要花時間去適應新的設備，和學習新的互動式教學法。不僅要花

時間，也要有資源。因此，有意願的老師很少。事實上，智慧學校、數位學堂在桃園市能夠推動成功，首先就是在桃園國小的試點。先由幾位熱血老師開始，再加上家長的關心，當越來越多的班級有了數位教室的設備時，就累積了相當大的能量，形成建置智慧學校、數位學堂的槓桿因素。智慧學校、數位學堂在桃園國小開始引爆、經歷了大有國中的發展，到義興國小開花結果。

每個學校要做改變，都會面對資源的限制。當引爆點點燃時，校長就會面對資源的限制，這時候校長會發現需求的資源很大。如何跨越資源限制的鴻溝，並提高利用現有資源的價值，變成成為校長決策的主要課題。每個學校都有熱點（hot spot) 和冷點（cold spot）。熱點是需要投入的資源很少，但是可以創造很高的效益；冷點則是投入的資源很多，卻造成效益很低。舉例來說，校史室就是冷點，如果整建一間校史室等於建置 20 間數位教室，試問校史室所產生的效

益，有 20 間數位教室所帶來的效益那麼多嗎？所以教育資源的分配，要優先把資源轉向熱點。在建置數位教室時，要優先核配給主動積極並熱血推動數位教育的老師，因為他們就是熱點。校長也必須找出冷點，釋放出資源並發揮更大的效益。我們也常常可以看到校長手上擁有多餘資源，也會密而不宣，更不會交給其他人使用，以免失去對這些資源的控制權。校長應該把多餘的資源拿來交換本身所不足的資源，這種概念就是交換資源（horse trading)。我以前當大學校長時，把空餘的教室讓旅行社進駐，並提供服務和建教合作。

學校要改變，不能一開始就發動全面性的改革，而是要集中目標，找出能夠啟動引爆點的槓桿因素。這個槓桿因素在於學校內的首腦人物 (kingpin) 或意見領袖。我們打保齡球，要造成全倒，必須全力擊中中央球瓶，其他球瓶才會應聲而倒。校長必須以持續有效的方式，去激勵首腦人物，讓首腦人物能夠接受改變並做出調整，而成為全校的示範。

讓關鍵人物成為透明魚缸裡的魚一樣，讓大家都看得清清楚楚，這就是魚缸管理法（fishbowl management)。魚缸式管理也能讓表現傑出的人，得到應有的讚賞。

校長要改造學校，通常都會面臨艱巨的挑戰。為了要把困難的任務，轉化成可以達成的目標，校長可以把任務化整為零（atomization)。有很多工作可以分批做、分期做、分能力做。在改革的過程中，校長不要孤軍奮戰，應該要爭取更高層和更廣泛的支持。在推動數位教室的建置時，年長資深的老師有可能是最大的反對來源，如何去說服反對者接受調整，校長就必須尋找盟友，最有可能的盟友就是家長和熱血老師，讓他們去給不願意改變和調整的老師施加壓力，並消除改革道路上的地雷。

—59—

找老師的亮點

　　熱血老師是校長最好的盟友，校長也必須讓老師認同工

作的意義和價值，讓他們能夠發揮出自己的能力。因此，對

所有的人來說，不值得做的事，就不會做好。大多數的日本人，都覺得自己的工作是非常有意義的，因此，很多日本人都是工作狂。事實上，工作的意義，比單純的物質激勵，更能激發老師的熱情。讓老師能夠強烈的感覺到工作的意義，並看到老師自己教學工作的成果。在現實中，當老師看不到教學工作成果時，就無法從自己的工作中獲得成就感。老師的成就感，應該來自於所教出學生的傑出表現。這也充分說明了為什麼老師會無怨無悔帶學生出去比賽，並與學生共享得獎時的榮耀。

校長對老師平時有一些小成就，就要及時肯定。正面的表揚和評價能產生效果，並非一定要針對出色的成績。對一些小的成就即時給予肯定，會激勵老師達到更大的成就。我有授權校長或督學去核發獎勵的小卡片，就是要肯定老師的工作價值。我相信每個老師都有閃亮點，一切都取決於校長是否願意去發現。因為世界上並不缺少美，缺少的是發現美

的眼睛。只要校長願意，總能找到老師的閃亮點，然後稱讚
它，使老師覺得自己更重要。校長千萬不要吝嗇自己的讚美，
讓老師了解工作的意義和使命，適時的獎勵和稱讚，便有助
於推動校務。

　　學校的行政主管，是校長最重要的依靠，由校長任命，
也是校長用人的對象。校長在用人時，常常被條條框框所限
制。有些校長在用人時，非常注重經驗。一個富有經驗的教
師兼行政，也許不需要很長的時間來適應，就能進入工作的
常軌。但是經驗也往往會使他的思想僵化，缺乏創新的能力。
經驗只能用時間的長短來衡量，也不是能力的代名詞。在現
今的社會，用人看學歷也成了一條不成文的規定。日本的一
些企業，就不要國立大學的畢業生。他們認為國立大學的畢
業生有很多都是溫室裡的秀才，而企業往往需要的是敢想敢
衝的武士。校長在用人時，不要只憑第一印象，就輕易地對
人做出評斷。明朝開國皇帝朱元璋曾寫過一副對聯：《大度

能容，容天下難容之士；慈顏常笑，笑世上可笑之人。》校
長在用人時，必須有豁達的氣度和寬宏的雅量。

—60—
三支箭

　　我就任局長時，單槍匹馬走馬上任，來到完全陌生的環境。一個以財經為背景的人，要來掌管一個直轄市的教育，

坦白說，連我自己都沒有把握會把事情和工作做好。鄭文燦市長倒是很相信我，他基於我有大學校長的資歷，就讓我放手一搏。而我因為不是師範體系出身，我的想法和做法，都和既有的體制有些不同。我講求時效和彈性，也講求執行力。如果我們把教育看作是一個產業，在少子化的衝擊下，學校要能夠生存，就必須求新求變，以爭取學生的客源，並跟上時代的潮流。韓國三星集團的會長李健熙曾說：「除了老婆和孩子不能變外，其他一切都要變。」所以優秀的校長能主動適應變化，緊跟著時代潮流，而平庸的校長面對時代的變化，則表現非常遲鈍。

我上任之初，也射出了三支箭。分別是：科技融入教育、推行實驗教育及國際化。科技融入教育經由建置智慧學校、數位學堂奠定了紮實的基礎。桃園的智慧學校不只是採用數位式的互動教學之外，還有創客教育、人工智慧、物聯網、VR、AR 及 MR、藝術教育等都有科技的元素。在

ICF 全球論壇時，主持人問我：「我們教育從重視 STEM 到 STEAM，加入 Art 的 A，你的看法如何？」我說我在桃園推動 STREAM，多了一個 R 代表 Reading。我實在暗諷他們，我們看的比較長、比較遠、比較多，至少多一個字。

實驗教育也有三支箭，第一是自主學習 3.0 實驗室設立於桃園國中，第二是桃園市立工匠技藝學堂，附設於龍潭高中，第三是數位影音學校，由於承辦科室的拖延，讓台北市的柯 P 搶得先機設立，因此，失去時效，第三支箭未能射出。我們在自主學習 3.0 實驗室，提供了一些相當好的設備給自學者，也幫自學者提供大師講座，開拓他們的視野，並媒合到大學去上課。工匠技藝學堂則強調培養實作，擺脫課綱及課程的限制，訓練工匠技藝人才。

我自認國際化是我的強項，我不是外交官，可是卻得到匈牙利總統頒給我的匈牙利功績十字勳章，也有俄羅斯國會的獎章。在大學院長及校長任內，和國外多所著名大學簽訂

合作協議。因此，國際化的推動，除了與國外學校的合作交流之外，還要讓我們的學生有國際觀。2018 年桃園市推動海外高中生研習計劃第一期，招收 40 個學生，全部公費，到史丹福大學及柏克萊加州大學進行為期兩週的資訊科技學習。由於成效不錯，2019 年名額擴大到 60 名，2020 年更增加到 90 名。

—61—

國際化

　　國際化就是要把自己放到國際的舞台上，相互觀摩學習。在早期，我們是「師夷長技以制夷」，到現在我們則是要共同研發合作，我們雖然可以做福衛7號的衛星，但是要

送上太空，還需要國外的科技合作。教育也是一樣，以高等教育來說，很多高級優秀人才都是在國外培育養成，然後再回到台灣深耕茁壯。當年政府也提出了延攬海外歸國學人任教方案，我也有幸適用了這個方案，也鼓吹我們的學生要到國外學習。現在我們的科技和學術水準提高了，我們更要擴大的是開拓學生的視野，並關心全球化的趨勢和所面臨的問題。在小學階段，推動國際化比較不容易，主要的原因是語言的限制。國中以後的階段，由於英語的會話能力大幅提升，加以許多學校都在培訓寄宿家庭，為推動國際化提供了有利的條件。

為了推動國際化，各級學校都積極的和國外學校交流，並積極的活躍在國際的舞台上。大溪美華國小和桃園北門國小的民俗技藝、桃園的國小、國中及高中三級的棒球隊、和武陵高中的管樂隊等，都在國際上贏得了很好的聲譽，也成功地進行了國際的交流。與國外學校的交流，更有日益增加

的趨勢。由於更多的寄宿家庭熱情的投入，國外來訪的師生也大幅的增加，更激發了我們學生學習外語的動力，提升了我們學生勇於自我表達的能力。我們推動國際化，是要讓大家了解：我們所培育出來的學生，在國際上有很好的競爭力。因此，我們的教學資源、教學設備、師資水準、及學生的學習成效，都能媲美國際上的先進國家。

　　校長是國際化的主要推手，在國際交流頻繁的時代，要有一定程度的外語能力。在教育體系中，大學校長及教授都有一定的基本外語能力，其主要的原因在於：大學端國際性的學術活動非常頻繁，使用外語的機會非常高，自然促成外語能力的提升。可喜的是：隨著時代的進步，我們中小學的校長及老師英語能力也有大幅度的提升，其中更不乏留學國外者。日本也類似，我的好朋友伊藤元重教授在 1980 年代初期，到美國取得博士學位，回到他的母校東京大學經濟學部任教，那時候他的同事幾乎都是東京大學博士畢業，留美

的屈指可數。到了今天，我們再來看東京大學經濟學部的師資，除了眾多美國名校出身的博士之外，還聘了一些外國籍的教授。在過去東京大學是一所非常保守的世界名校，自視甚高，但在國際化的浪潮下，也做出了改變。

—62—

做對的事

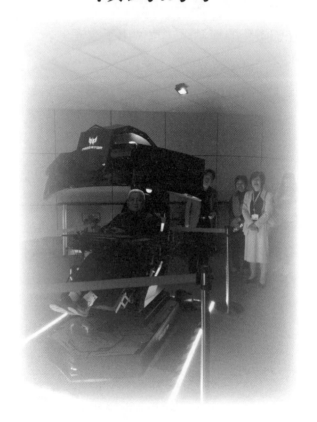

時代浪潮及環境在改變，校長作為一個學校的領導人，

也要因應調整。除了要有國際觀、基本的外語能力之外，也要有跨領域的知識，更有能掌握校內的精確資訊，並與教職員工及學生家長達成共識，維持校內和諧，因應適當的時機，做出最好的決策，帶領學校，提升校務發展。校長不能為少數人所蒙蔽，也不能有主觀的過強意志，否則就會造成訊息不完全，所做的決策就會偏頗。因此，校長必須掌握正確而完全的訊息，客觀地分析問題，掌握關鍵性的時刻，在對的時間做對的事情，否則在後續，要面臨很多要把事情做對的問題。

　　1815 年 6 月**拿破崙**趁著反法同盟尚未集結完畢時，先以 12 萬的兵力，在 Ligny 擊敗了普魯士的軍隊後，轉到在比利時布魯塞爾以南的滑鐵盧，與英國的威靈頓公爵對峙，並分出 33,000 人的兵力由 Grouchy 元帥帶領去追擊普魯士的軍隊。當拿破崙與威靈頓的軍隊打得火熱要分出勝負之時，沒有被追擊到的普魯士軍隊趕到滑鐵盧，左右了戰局，讓拿破

崙飲恨。所以普魯士的軍隊在關鍵的時間做出關鍵的一擊，決定了歐洲的歷史。所以校長也要在關鍵的時間，做出關鍵的決定。現在智慧教育的潮流不可擋，校長不能墨守成規，也必須掌握時代潮流發展的趨勢，調整學校的發展。

在關鍵的時刻，校長必須掌握更精準的資訊，面對可能的變化，隨時因應。舉例來說，很多學校在學年度即將結束之際，都會面臨新聘、介聘老師、及聘任代理教師的問題。由於人際關係錯綜複雜，各種消息充斥，各個團體都會角力，校長亦有屬意人選，擬從他校延攬，於是教評會的決議就至關重要。校長必須掌握正確的資訊，並和教評會做充分的溝通，取得教評會委員的支持才能夠成功。

公元 1600 年的關原之戰，是日本戰國時代影響最重大的戰役。這一戰也被譽為「決定天下的戰役」，也奠定了**德川家康**建立德川幕府的基礎。東軍為首的德川家康和西軍為首的**石田三成**，都想爭取**小早川秀秋**的加盟，早先**小早川秀**

秋和石田三成不和，本想加入東軍，但是在戰爭前夕，西軍的大將大谷吉繼，提出了戰爭勝利後，讓小早川秀秋在豐臣秀賴 15 歲前讓他出任關白，還有播磨與近江兩國合計 10 萬石的領地之誘因。戰爭一開始對西軍有利，讓小早川秀秋陷入猶豫不決。德川家康便命令鐵砲隊向小早川的陣地開火威嚇，迫使小早川向大谷吉繼的陣地全軍進擊。西軍四位將領小川祐忠、脇坂安治、赤座直保及朽木元綱見狀也倒向東軍，造成了德川家康的霸主地位。所以德川的計謀，勝過對手提供的誘因。目前校長幾乎都沒有能力提供誘因，惟有善用人際關係，促成校內和諧，掌握正確資訊，尋求教育行政主管機關的支持，並使學校的行政團隊順利運作，才能有效推動校務。

—63—
終身學習

　　現在教育面臨關鍵的時刻，不只工業進入了 4.0，教育也是。1.0 的教育方式是口傳，有學校制度的教育是 2.0，科技的融入教學和網路的使用，使學習突破時間和空間的限制是 3.0 的教育，現在 4.0 的教育，則是讓學習變得高度客製

化與個人化，每個人的學習空間和進度都不一樣。因此，學習不一定要在學校，每一個人都可以成為終身學習者，無時無刻都在隨時、隨地學習。除了 IQ 、EQ 之外，我們現在要重視 LQ（Learnability Quotient)，也就是學習商數。無法自我學習的人，學習商數就會很低。

由於世界變動得越來越快，創新的知識週期越來越短，學校教育的內涵已經不能滿足未來的需要，終身及自主學習的態度及能力，才能超越過去裝配線模式的教育。在裝配線的模式下，投入一定的原材料及零組件，經過裝配線特定的生產和組裝模式，生產產品，並以品質管理篩選出不良的產品加以淘汰。在這種模式下，老師就是生產者和加工者，而考試就是品質管理的表現。老師已經不再是單純授課，而是要轉變成教練，並激發學生的學習熱情，給予鼓勵和支持。

「水不流會臭，刀不磨會銹，人不學會落後。」現在已經進入終身學習的時代，「非學無以廣才，非志無以成學。」

學習在生活中無所不在，面對快速不斷變化的環境，只有堅定的意志去學習，才能克服挑戰，並解決問題。「生而知之者，上也；學而知之者，次也；困而學之，又其次也；困而不學，民斯為下矣。」因此，我們要永遠不斷地學習，墓碑就是我們的畢業文憑。由於科技的進步，知識變得垂手可得，學校的任務就要變成如何教會學生去尋找知識。所以學校不再僅僅是傳授知識的地方，同時也是可以借助科技，擴大學習範圍，和尋找知識的場所。

新時代的教育，已經從大量培訓轉移到個人化。為了滿足個人化學習的需要，學習可以無所不在，不拘泥於學習的時間和場所，這些都是拜數位科技的進步，和網路的發達所賜。在資訊爆炸的時代，個人學習的需求會更加強烈。然而在當前的工商社會中，學習也必須講求效率，因此 5 到 8 分鐘就可以學習到一個概念或知識的微學習（micro learning)，就可以讓人利用零碎的時間，展開學習。因此，我們會預期微學習會帶動課程的精實化，讓學習的效率提升。

—64—
微學習

　　微學習要成功，通常要有 5 個條件：1. 要很容易透過行動裝置來學習，2. 每一個學習單元最好能專注一個概念，3. 能夠充分運用視覺工具和媒體，4. 能夠提供客製化，5. 內容對學習者有加值。由於現代的學習者很容易分心，自從有了行

動裝置之後，電話、電子郵件、立即訊息、各種通知等，都會隨時佔用一些時間。如果要他們坐著一個小時接受訓練，效果不會很好，如果能夠讓他們知道 5 分鐘就可以學到新概念，或得到解決方案，這樣才有動機去學習。微學習的教學者並不侷限於老師，也可以是任何人。因此，微學習內容的正確性和適宜性，就愈顯得重要。

微學習也會有一些問題值得我們深思：1. 當學習者適應這種懶人包式的簡短學習，可能會造成對知識理解的淺碟化，並進一步缺乏深入探究知識的動力。2. 過於重視微觀，宏觀就會相對薄弱，容易有見樹不見林的缺憾。3. 微學習講求重點式有效率的學習，可說是一種目標導向式的學習，讓學習者容易有功利主義的心態。4. 對於藝術美學，需要長期培養形成素養，微學習會有很大的局限。5. 微學習如果是一個人獨自學習，沒有真人或即時互動的對象，就容易失去學習的動力。雖然如此，由於資訊科技進步對教育產生教與學的重大變革，微學習已經成為當前重要的新學習模式。

—65—
新科技、新方法

　　新奇和多樣性正在衝擊著當代社會，學習的方法日新月異，學習的內容豐富多元，莘莘學子如何在複雜而多變的社會中，進行有效地學習？「一燈能除千年暗，一智能滅萬年愚。」教育的明燈需要靠老師來點燃，學習的道路需要老師來引領。老師要替學生引路，但是不能代替他們走路。桃園

有許多老師臥虎藏龍，多才多藝，可謂至賢。除了本科之外，精於藝文，長於表達，熱血有情，動人以行，因材施教，善啓心靈，跨海遠征，博得盛名。

2018 年我籌組了桃園市智慧教育聯隊（Taoyuan Smart Education Alliance），簡稱 TSEA。以我培訓的校長和熱血老師作為班底，作為向全桃園市推動數位教學的任務。有許多成員連續好幾年參加兩岸智慧好課堂大賽，都奪得冠軍。他們在智慧教學上，爐火純青，已經達到無懈可擊的地步，也引起學生很大的學習興趣，並提升他們的學習力。可喜的是：TSEA 一年比一年壯大，並對桃園市的智慧教育，產生了重大的影響，也加速了桃園市智慧教育的進程，使得桃園市的智慧教育，在 2019 年國際智慧城市論壇於紐約舉辦的全球高峰會上，備受肯定。桃園市的智慧教育不僅在台灣領先，更宏揚於國際。

許多桃園的老師有豐富的內涵和高度的膽識，才高八

斗，學富五車，深藏不露。有一次我去視察同德國小，和校長談起要用英文上主要學科時，校長說他們有老師可以用英文上數學，結果那位老師向我下戰帖，邀我去觀課，我佩服她的勇氣與膽識，就欣然前往，結果令我十分讚賞。在桃園國小，老師把書法和創客的課程相結合，他是一位有名的書法家，卻能夠把相當先進的數位工具應用在教學上。大有國中的地理老師，結合了在地化的課程，教學生製作學校周邊虎頭山公園的 VR 教材，並在美國賓州大學所舉辦的教育創新比賽中獲獎。

—66—
走對的路

　　我們的教育正在急速的蛻變，變得更科技化，更個人化，更多樣化，更微形化，和更國際化。由於時代環境的變化，對學校產生重大而深遠的影響。對校長來說，首先，校長的視野必須改變，校長必須要有前瞻性的眼光，預見未來發展的趨勢，去打造並領導學校。就老師來說，老師必須要調整自己，運用先進的科技融入教學，提高孩子的學習動力。老

師也要充實新知，掌握時代脈動，才有能力為孩子引領一條未來發展的道路。就家長來說，拜科技之賜，家長可以更即時地掌握孩子的學習狀況，更容易促成親師之間的溝通，也可以鼓勵親子共學。2019 年推動的新課綱，使家長無法用自己過去的經驗來指導孩子的未來，家長必須了解新的教育趨勢和學習的方法，才能幫助自己的孩子有利於未來的發展。對學生來說，面臨適性多元發展與科技進步的時代，要有學習的動力，也能夠培養素養並自主學習，也必須如微軟的創辦人 Steve Jobs 在哈佛大學畢業典禮中所說的：「求知若飢，虛心若愚。」（Stay Hungry，Stay Foolish.）。

新時代的教育也衝擊了學校，學校面臨更多的競爭，在少子化的情況下，各校都面臨紅海的環境，如何創造學校自己的特色，並開拓藍海，永續發展，變成為各校重要的議題。我們檢討學校競爭力的主要因素有：1. 師資與設備，2. 學校規模，3. 獨特性，4. 學校的歷史與聲譽，5. 校長與行政團隊，

6. 家長的支持。雖然長期以來，學校扮演教育最大的功能，然而在新的時代環境下，學校以外的教育模式，也成為另類的選擇。我們可以預期在未來教育的模式可以有很多選擇，但重要的是：我們要走對的路，做對的事。因為在錯誤的道路上，即使是奔跑也沒有用。

國家圖書館出版品預行編目 (CIP) 資料

教育流／高安邦著．
-- 第一版 . -- 臺北市：
樂果文化出版：紅螞蟻圖書發行 , 2020.04
　面；　公分 . -- (樂繽紛；44)
ISBN 978-957-9036-26-9(平裝)

1. 教育 2. 文集

520.7　　　　　　　　　　　　　　　109003918

樂繽紛 44

教育流

作　　　　者 ／	高安邦
總　編　輯 ／	何南輝
行 銷 企 劃 ／	黃文秀
封 面 設 計 ／	引子設計
內 頁 設 計 ／	沙海潛行

出　　　版 ／	樂果文化事業有限公司
讀者服務專線 ／	（02）2795-3656
劃 撥 帳 號 ／	50118837 號　樂果文化事業有限公司
印　刷　廠 ／	卡樂彩色製版印刷有限公司
總 經 銷 ／	紅螞蟻圖書有限公司
地　　　址 ／	台北市內湖區舊宗路二段 121 巷 19 號（紅螞蟻資訊大樓）
	電話：（02）2795-3656
	傳真：（02）2795-4100

2020 年 4 月第一版　定價／ 300 元　ISBN 978-957-9036-26-9